Esther Adler

Beste Freu...

Eine Freundschaft, die Hitler überdauerte

To Elsie
for her friendship
and constant encouragement!
Love
Et...
10/22/2019

Esther Adlers Buch „Beste Freundinnen" ist eine Erzählung, die sich auf historische Fakten stützt. Teilweise basieren die Ereignisse auf Esther Adlers eigenem Erleben. Die beschriebenen Personen und ihre Handlungen sind jedoch frei erfunden. Der fiktive Ort „Wollnitz" steht stellvertretend für andere schlesische Kleinstädte.

Der historische Hintergrund der Geschichte bietet Anknüpfungspunkte für Diskussionen und lädt zu weiterführender Beschäftigung ein. Im Anhang finden sich Fragen und Aufgaben für den Einsatz im Unterricht sowie weiterführende Links und Literatur. Das Glossar ermöglicht ein schnelles Nachschlagen der zentralen Begriffe, die im Text mit * markiert sind. Die ergänzenden Materialien wurden von der Übersetzerin zusammengestellt.

Der Kartenausschnitt aus dem Stadtplan der Stadt Wrocław (Breslau) auf den letzten Seiten dieses Buches sowie die beigefügten Erklärungen ermöglichen es den Leserinnen und Lesern, die von den Protagonisten beschriebenen Orte und Einrichtungen im heutigen Wrocław ausfindig zu machen.

Das Buch richtet sich an junge Menschen und Erwachsene und eignet sich besonders für Schulen, die die nationalsozialistische Judenverfolgung und den Holocaust*/die Schoah* im Unterricht behandeln möchten.

Esther Adler

BESTE FREUNDINNEN

Eine Freundschaft, die Hitler überdauerte

Aus dem Amerikanischen von Dorothea Traupe

Stuttgart 2019
Edition Noëma

Bibliografische Information der Deutschen Nationalbibliothek
Die Deutsche Nationalbibliothek verzeichnet diese Publikation in der
Deutschen Nationalbibliografie; detaillierte bibliografische Daten sind im
Internet über http://dnb.d-nb.de abrufbar.

Bibliographic information published by the Deutsche Nationalbibliothek
Die Deutsche Nationalbibliothek lists this publication in the Deutsche Nationalbibliografie;
detailed bibliographic data are available in the Internet at http://dnb.d-nb.de.

Gefördert von  Die Beauftragte der Bundesregierung
für Kultur und Medien

The views or opinions expressed in this book, and the context in which images are used, do not necessarily reflect the
views or policy of, nor imply approval or endorsement by, the United States Holocaust Memorial Museum.

∞

Gedruckt auf alterungsbeständigem, säurefreien Papier
Printed on acid-free paper

© *ibidem*-Verlag
Edition Noëma

Stuttgart 2019
Alle Rechte vorbehalten

Printed in the EU

Für meine Enkelkinder
Moriell, Tobin, Emma und Benjamin:
Damit ihr euch erinnert und künftigen Generationen von der
Schoah und Israel erzählen könnt.

Gehe aus deinem Vaterlande und von deiner Freundschaft und aus deines Vaters Hause in ein Land, das ich dir zeigen will.

(1. Mose 12)

Vorwort zur deutschen Ausgabe

Kindheitserinnerungen vergisst man nicht. Sie begleiten einen ein Leben lang. Die Erinnerungen an meine Kindheit und Jugend in Deutschland haben mein Leben in vielerlei Hinsicht geformt und beeinflusst: die politischen Umwälzungen, als Hitler an die Macht kam, die zunehmenden Angriffe auf Jüdinnen und Juden, der Überlebenswille, die Suche nach einer Fluchtmöglichkeit aus Deutschland.

Meine Geschichte begann 1924 in Breslau, damals noch Deutschland. Dorthin waren meine Eltern nach dem Ersten Weltkrieg aus Polen auf der Suche nach besseren Lebensbedingungen für ihre zukünftige Familie gezogen. Da meine Eltern praktizierende, zionistische* Juden waren, schickten sie meine drei Brüder und mich auf die jüdische Schule am Rehdigerplatz. Durch die Schule und das Umfeld der jüdischen Gemeinde in Breslau, mit dem berühmten Rabbinerseminar und der prächtigen Synagoge *Zum Weißen Storch*, fühlte ich mich beschützt – sogar als die immer restriktiver werdenden Gesetze der Nationalsozialisten unser Leben zunehmend stärker einschränkten.

Die Nürnberger Gesetze*, die 1935 in Kraft traten, hatten großen Einfluss auf alle Lebensbereiche der Jüdinnen und Juden in Deutschland. Unsere jüdische Schule wurde förmlich von Schülern überschwemmt, die bisher auf staatliche Schulen gegangen waren, aber dort immer stärker diskriminiert wurden. Später durften wir gar nicht mehr zusammen mit „arischen"* Schülerinnen und Schülern lernen. An jüdischen Geschäften, die wiederholt auch von deutschen Jugendlichen angegriffen wurden, sah ich Schilder, die „Deutsche, kauft nicht bei Juden!" oder

„Juden nach Palästina!" forderten. Es fühlte sich an, als ob die Schlinge um den Hals immer enger wurde. Das hatte großen Einfluss auf mich und bestärkte mich in meinem Entschluss, einen Weg zu finden, um Deutschland zu verlassen.

Meine Jugend hat mein ganzes Leben geprägt, mein Ziel, zu unterrichten und über das Böse – aber auch das Gute – zu schreiben; über eine furchtbare Zeit zu sprechen, aber auch über den Willen zum Überleben und die Suche nach dem Guten. Diese Leidenschaft hat mich motiviert, das Buch „Beste Freundinnen. Eine Freundschaft, die Hitler überdauerte" zu schreiben. Ich habe mich dabei auf meine eigene Vergangenheit gestützt, auf die historische Zeit des Nationalsozialismus und dann der Nachkriegsordnung, die Teil meines Lebens war. Ich möchte diese Geschichte mit anderen Menschen teilen und ihnen zeigen, dass die Hoffnung ewig lebt – solange wir aus der Vergangenheit lernen, dürfen wir hoffen, dass Veränderungen irgendwann Wirklichkeit werden.

Mein Optimismus speist sich aus meinen Besuchen in Breslau, jetzt Wrocław, in den letzten Jahren. Zum ersten Mal war ich 1995 mit meinem Mann dort und wir blieben eine Nacht in meiner Geburtsstadt. Es gelang mir, das Haus wiederzufinden, in dem ich geboren wurde; das Mietshaus in der Gräbschenerstraße, wo wir zuletzt gelebt hatten, war allerdings völlig zerstört worden. Das jüdische Waisenhaus und die jüdische Schule hatten den Krieg aber überlebt.

Das wichtigste Ziel dieses Besuchs war die Synagoge *Zum Weißen Storch**, in der ich als Jugendliche gebetet hatte. Wir näherten uns dem Tor und sahen, dass das Haus an der Straße, das zum Gebäudekomplex der Synagoge gehörte, noch intakt war. Ich betrat den Innenhof. Dort standen – teilweise von parkenden

Autos und Müll verdeckt, mit eingesunkenem Dach – die Überreste meiner geliebten Storch-Synagoge. Wir gingen zu einem Büro im zweiten Stock, um Jerzy Kichler zu treffen, der der jungen jüdischen Gemeinde vorstand. Er erzählte uns, dass sich etwa zweihundert Personen zum jüdischen Glauben bekennen und mehr über jüdische Traditionen erfahren wollen würden. Er war vorsichtig optimistisch, dass die Restaurierung der Storch-Synagoge gelingen könne.

Sprung ins Jahr 2010: Auf Einladung von Bente Kahan, die 2006 eine Stiftung zur Restaurierung der Storch-Synagoge gegründet hatte, nahmen meine Familie und ich an der Wiedereinweihung der Synagoge *Zum Weißen Storch* teil. Bei der Einweihung hielt ich eine Rede – als eine der wenigen, die noch davon erzählen konnte, wie es gewesen war, in der pulsierenden jüdischen Gemeinde Breslaus aufzuwachsen, die das eindrucksvolle Gebäude gebaut und dort gebetet hatte. Es waren fünf Tage voller Magie – mit Gebeten, Konzerten und Vorträgen an der Universität. All dies hatte Bente Kahan auf die Beine gestellt. Es gab in Breslau wieder eine jüdische Schule. Ich freute mich darüber, hatte zwar dennoch Zweifel, ob sich die jüdische Gemeinschaft wiederbeleben lassen würde, aber ich war beeindruckt und glücklich, die Storch-Synagoge in ihrer alten Pracht zu erblicken.

Dann begann mit der überraschenden Einladung zur Teilnahme an einem Dokumentarfilm, der später unter dem Titel „Wir sind Juden aus Breslau" auch in den deutschen Kinos lief, ein neues Kapitel in meinem Leben. Im Frühling 2016 interviewten mich Karin Kaper und Dirk Szuszies in meiner Wohnung und im Herbst desselben Jahres folgte ein erneuter Besuch in Breslau. Dort traf ich drei andere Überlebende aus Breslau sowie sechzehn Jugendliche aus Polen und Deutschland. Diese Erfahrung und die Diskussionen mit den jungen Menschen haben mich dazu gebracht, dieses Buch zu schreiben. Ihre Fragen über meine Vergangenheit, ihr aufrichtiges Interesse, das Anerkennen der Sünden der vorangegangenen Generationen – all das war authentisch. Sie waren auf der Suche nach einer Zukunft, die der Welt Frieden und Harmonie bringen würde.

Damals kamen viele lebhafte Erinnerungen an die ersten fünfzehn Jahre meines Lebens in Breslau zurück. Ich beschloss, dass mein Leben, das in der Zeit historischer Umbrüche begonnen hatte, die schließlich zur Schoah* führten, nicht vergessen werden sollte. In der Geschichte spiegelt sich mein Bekenntnis zum Judentum, zu Israel und dem Konzept der Gerechten unter den Völkern* wider. Ich weiß, dass unsere Welt traurigerweise immer wieder von Konflikten, Hass und Menschenverachtung heimgesucht wird, aber wir müssen aus der Geschichte lernen, wir dürfen die Hoffnung nicht aufgeben. Ich blicke mit Optimismus in die Zukunft, auch wenn ich um die Zwietracht zwischen Menschen und Nationen weiß.

Ich hoffe, dass du als Leserin und Leser das Buch interessant finden wirst, und dass es deinen Kopf und dein Herz öffnen und dich die Verantwortung anerkennen lassen wird, die wir für die Welt um uns herum tragen – eine Verantwortung, die jede und jeder von uns hat!

Esther Adler
Canton, im April 2019

Dank

Es gibt verschiedene Menschen, denen ich für die Entstehung von „Beste Freundinnen" zu Dank verpflichtet bin. Meine Montagabendrunde in Orchard Cove: Naomi Graff, Phyllis Perlmutter, Mim Reisberg und Elaine Seidenberg waren die ersten, die Kapitel gelesen haben, als ich sie mit an den Essenstisch brachte. Ihr Enthusiasmus und ihre Ermutigung bestärkten mich darin, das Projekt voranzutreiben.

Elsie Cohen, meine Schwägerin, konnte es gar nicht abwarten, mehr über die beiden Freundinnen zu erfahren. Die Reaktion von Rabbi* Liza Stern – die erste Person, die das Buch in Gänze las – war sehr positiv und ihre Anmerkungen sehr hilfreich. Gleiches gilt für Avis Brenner, die sich Zeit nahm, um mögliche Verlage zu recherchieren. Die nützlichen Anmerkungen der beiden leiteten mich und bestärkten mich darin, die Aufgabe zu vollenden.

Rabbi Marcia Plumb und Dr. Brinkerhoff nahmen sich trotz ihrer vollen Terminkalender Zeit, das Manuskript zu lesen und gaben mir eine sehr positive Rückmeldung.

Eric Hensley war so begeistert, nachdem er „Beste Freundinnen" gelesen hatte, dass er dafür sorgte, dass sein Freund Bob Weinstein es ebenfalls las. Bobs konstruktive Vorschläge überzeugten mich davon, eine Veröffentlichung ins Auge zu fassen.

Dankbar bin ich auch meinen Kindern Jerrey, Faye und Stuart, Andy und Ann, für ihre Liebe, Unterstützung und Loyalität. Ein besonderer Dank geht an Andy, der mir netterweise auch technisch geholfen hat.

Ich möchte mich an dieser Stelle auch ganz herzlich für die Unterstützung und den Zuspruch von Maria Luft aus Bremen bedanken. Ihre genaue Kenntnis der Stadt Breslau bewahrte mich vor Fehlern. Nachdem sie mein Buch „Beste Freudinnen" gelesen hatte, schlug sie mir vor, es auch auf Deutsch zu veröffentlichen. Sie stand mir mit Rat und Tat zur Seite und ich bin ihr für all ihre Mühen unendlich dankbar. Dorothea Traupe, die mir ihre deutsche Stimme lieh, danke ich für ihre bemerkenswerte Übersetzung.

Esther Adler

Inhalt

Kapitel 1

Als sie sich das erste Mal auf dem Schulhof sahen, wussten sie sofort, dass sie beste Freundinnen werden würden. Da kannten sie aber noch nicht einmal ihre Namen. Es war der erste Schultag und die Kinder folgten ihrer neuen Lehrerin in ein Klassenzimmer im Erdgeschoss des großen Schulgebäudes – die Mädchen trugen bunte Frühlingskleider, die Jungen blaue Hosen. Bald hatten die dreißig Erstklässler die Bänke in der Klasse bis auf den letzten Platz besetzt. Manche Kindergesichter konnte man hinter der großen „Ostertüte"*, die sie mit ihren kleinen Händen stolz umklammert hielten, kaum erspähen.

Von ihren neuen Plätzen aus sahen sie sich verstohlen in alle Richtungen nach den anderen Kindern um. Es bedurfte sehr viel Disziplin, um nicht doch die Augen zu senken und heimlich einen klitzekleinen Blick in die Ostertüte zu werfen und nachzusehen, was die Eltern ihnen Schönes mitgegeben hatten. Zwar war die Versuchung groß, aber die Aufmerksamkeit wurde bald ganz von der Lehrerin gefesselt, die vor ihnen stand. Da niemand wusste, was als nächstes geschehen würde, saßen sogar die neugierigsten Kinder still.

Frau Daniel, die Lehrerin, lächelte und begrüßte sie herzlich: „Guten Morgen, Kinder, bitte stellt euch vor und sagt laut und deutlich euren Namen. Ich heiße Frau Daniel und werde dieses Jahr eure Lehrerin sein." Nacheinander standen die Kinder auf, um ihren Namen zu nennen, manche leise und zögerlich, andere laut und deutlich. Ellis Blick ruhte auf der ersten Reihe, in der ihre neue Freundin saß. Als diese sagte: „Regina Wolf, aber alle nennen mich Gina", strahlte Elli. Diesen Namen hatte sie schon immer gemocht, auch wenn sie bisher noch nie eine Regina kennengelernt hatte. Dann war Elli, die in der dritten Reihe saß, mit der Vorstellung dran. Sie stand auf und sagte sehr laut, damit Regina sie auf jeden Fall hören konnte: „Elischeva Cohen, aber alle nennen mich Elli." Und was geschah dann? Regina drehte sich um und nickte ihr zu. „Perfekt", dachte Elli und war sehr zufrieden. „Regina hat meinen Namen gehört."

Endlich waren die ersten Stunden vorbei, die Kinder durften sich ein paar Süßigkeiten aus der Ostertüte nehmen und für die Pause auf den Schulhof gehen. Rasch ging Elli zur ersten Reihe, in der Gina auf sie wartete. Sie reichten sich feierlich die Hände, sahen sich neugierig an und fingen an zu kichern. Was war so komisch? Kaum zu glauben, aber sie trugen tatsächlich die gleichen Schuhe! „Jetzt müssen wir wirklich auf jeden Fall Freundinnen werden!", riefen sie und gingen auf den Schulhof hinaus. „Wo wohnst du?", fragte Elli. „In der Gartenstraße, und du?" „Ich wohne in der Gräbschenerstraße, das ist nicht weit von dir", antwortete Elli fröhlich. „Wir können uns gegenseitig besuchen!" „Hast du Geschwister?", wollte Elli wissen. „Nein", antwortete Gina traurig. „Ich wünschte, ich hätte wenigstens eine Schwester. Dann hätte ich jemand zum Spielen, wenn meine Eltern unterwegs sind." Elli sah Gina ernst an. „Ich verspreche dir, dass ich für immer deine Freundin sein werde und wir Zeit zusammen verbringen werden. Und wenn du einsam bist, kannst du mich anrufen! Ich habe einen älteren und einen jüngeren Bruder. Aber ich werde immer Zeit für dich haben." „Du bist wirklich ein Glückspilz und ich werde dich auf jeden Fall anrufen. Das ist eine wunderbare Idee." Sie verabredeten, dass sie sich auch besuchen würden. Bevor sie aber weitere Pläne schmieden konnten, rief

Frau Daniel ihre Schützlinge für die nächste Stunde zurück ins Klassenzimmer.

Nach dem Unterricht stellten sich die Kinder in einer Reihe auf dem Schulhof auf und warteten, bis sie abgeholt wurden. Sie waren erst sechs Jahre alt und durften noch nicht alleine nach Hause gehen. Eine junge Frau kam auf Gina zu, um sie nach Hause zu begleiten. „Warte, noch einen Moment", rief Gina, „ich muss mich erst noch von meiner neuen Freundin Elli verabschieden. Elli, das ist Eva, sie arbeitet für uns und kümmert sich um mich." Elli begrüßte Eva und verabschiedete sich von ihrer neuen Freundin. Dann trat sie rasch wieder in die Reihe und wartete auf ihre Mutter. Es dauerte nicht lange, bis Rachel Cohen sie abholen kam. Elli umarmte ihre Mutter, reichte ihr die Ostertüte und begann, von Gina zu erzählen. Sie redete wie ein Wasserfall: „Und rate mal, wo Gina wohnt! Nicht weit von uns, in der Gartenstraße! Und wir wollen uns gegenseitig besuchen und miteinander telefonieren. Und Gina hat keine Geschwister, und …" „Langsam, langsam", unterbrach ihre Mutter sie. „Was hast du denn heute in der Schule gelernt?" „Mama, willst du das wirklich alles wissen? Ein paar deutsche und ein paar hebräische Buchstaben. Wir haben Lieder gesungen und gelernt, bis zwanzig zu zählen. Nichts Neues, das konnte ich alles schon." „Natürlich, konntest du das", Frau Cohen lächelte. „Meine schlaue, kleine Elli."

Nach fünfzehn Minuten Fußweg erreichten sie das große Mehrfamilienhaus in der Gräbschenerstraße 2, in dem die Familie Cohen lebte. Sie stiegen in den dritten Stock hinauf. Damals hatten die meisten Häuser noch keine Fahrstühle. Als sie die Wohnung betraten, begrüßte sie Bertha, das Hausmädchen, und der kleine Max umarmte seine große Schwester. Bertha berichtete, dass Leo, Ellis älterer Bruder, beim Fußballspielen sei und Herr Cohen angerufen und Bescheid gegeben habe, dass er um 18 Uhr nach Hause käme. Elli spielte mit ihrem kleinen Bruder, bis der Rest der Familie da war, und dann setzten sie sich alle an den Abendbrottisch. Herr Cohen – oder „Papa", wie die Kinder ihn nannten – nahm ein Stück Brot und gab jedem ein kleines Stückchen, während sie gemeinsam das *HaMotzi**, den Segen über das Brot, sprachen. Dann begannen sie zu essen. Elli konnte es kaum erwarten, ihrem Vater und den Brüdern von ihrer neuen Freundin Gina zu erzählen, und Leo gab damit an, dass seine Fußballmannschaft gewonnen hatte. Alles war in bester Ordnung. Als das Essen vorüber war und sie das *Birkat Hamazon** gesungen hatten, das Tischgebet nach dem Essen, schalteten sie das Radio an, um Nachrichten zu hören. Deutschland und die Welt erschienen ruhig und friedlich.

Die Eltern gaben den Kindern einen Gutenachtkuss, bevor sich diese auf den Weg ins Bett machten. Samuel und Rachel Cohen saßen im Wohnzimmer und unterhielten sich in Ruhe. Samuel berichtete von seinem Tag im Stoffgeschäft, wie viele Kundinnen da gewesen waren und wie viel er verkauft hatte. Rachel wollte wissen, ob auch neue Kunden kämen, oder immer nur dieselben. „Keine Sorge, Rachel, es läuft gut. Es waren ein paar Mütter da, denen die neuen Kinderstoffe sehr gefallen haben. Ich werde noch weitere bestellen müssen, um eine gute Auswahl vorrätig zu haben. Die Frauen wissen genau, wie viele Meter Stoff sie brauchen. Man merkt, dass sie selbst nähen – nicht so wie du, Rachel", fügte er lachend hinzu. „Du hast völlig recht. Ich nähe nicht, aber ich leiste sehr gute Arbeit in der Anwaltskanzlei von Herrn Lewin. Und koche unsere Mahlzeiten!" „Ich beschwere mich doch gar nicht", antwortete Samuel. „Das Leben ist gut. Die meisten Kundinnen bezahlen sofort, aber ein paar müssen warten, bis ihr Mann seinen Lohn bekommt. Aber da mache ich mir keine Sorgen, sie kommen immer und begleichen ihre Rechnungen. Ich weiß, dass sie diese Regelung zu schätzen wissen. Leo schlägt sich gut in der Schule, unsere Elli schließt anscheinend sehr schnell neue Bekanntschaften und Max ist ein munterer Junge. Alles ist in bester Ordnung. Ich bin müde. Lass uns schlafen gehen."

***

Schweigend ging Gina mit Maria bis zur Gartenstraße 12. Vor einem schönen Mietshaus aus Backstein blieben sie stehen. Entlang des Fußwegs wuchsen große Bäume und an der Hauswand waren schöne Blumenbeete angelegt. Maria öffnete die schwere, hölzerne Haustür und ging vor Gina zur Wohnung der Familie Wolf im Erdgeschoss. Sie betraten die große Diele, in der kleine Beistelltische mit Nippes an den Wänden standen. Mehrere Türen führten von hier ins Innere der großen, eleganten Wohnung. „Komm zu mir, mein Schatz", hörte Gina ihre Mutter rufen. Rasch lief sie zu ihr ins Wohnzimmer, gab ihr einen Kuss und kletterte auf ihren Schoss. Sie konnte es kaum erwarten, von ihrem ersten Schultag zu erzählen. „Du bist aber früh zu Hause, Mama", bemerkte sie. „Ich habe heute im Krankenhauslabor ein bisschen früher Feierabend gemacht. Es ist schließlich dein erster Schultag. Erzähl doch mal, wie war's?"

„Oh, Mama, ich habe das netteste Mädchen überhaupt kennengelernt, wir haben beschlossen, dass wir beste Freundinnen sein wollen!", platzte Gina heraus. „Sie heißt Elischeva, aber alle nennen sie Elli. Sie wohnt nicht weit von uns und wir wollen uns gegenseitig besuchen und wir …" „Langsam, Gina, ich freue mich sehr, dass du ein Mädchen kennengelernt hast, das du magst. Aber erzähl mir doch, was du in der Schule gelernt hast. Magst du deine Lehrerin?" „Oh, ja, Frau Daniel ist sehr nett und sie sorgt dafür, dass alle stillsitzen, sogar die Jungen. Aber ich habe eigentlich nicht viel Neues gelernt. Ich kann schon lesen. Nur die hebräischen Buchstaben waren fast alle neu für mich. Elli kann besser Hebräisch als ich." Frau Wolf musste angesichts der Ehrlichkeit ihrer Tochter lächeln. Beschwichtigend versicherte sie Gina, dass sie sich keine Sorgen machen solle, sie würde die hebräischen Buchstaben sicher schnell aufholen und wenn nötig würden sie ihr sonst auch für einige Zeit Nachhilfe besorgen. „Nein, nein", protestierte Gina. „Ich bin mir sicher, dass Elli mir helfen wird. Ich möchte sie bald besuchen." In diesem Moment betrat Dr. Wolf, Ginas Vater, das Zimmer, gab seiner Frau einen Kuss und hob Gina in die Luft. „Na, wie geht's meiner Kleinen nach ihrem ersten Schultag? Willst du morgen wieder hin?" „Natürlich, Papa, was für eine dumme Frage! Ich will doch Elli wiedersehen und mit ihr reden und …"

„Prima, Schatz", unterbrach Emily Wolf sie. „Lass Papa vor dem Abendessen noch ein bisschen Zeit zum Ausruhen und dann kannst du weiter erzählen." Gina ging in ihr Zimmer, um mit ihren Puppen zu spielen. Sie hatte eine ziemlich große Sammlung!

Eine Stunde später saß die Familie um den Abendbrottisch. Eifrig fragte Gina ihre Mutter, ob sie sich mit Elli verabreden könne. Ihre Eltern hatten nichts dagegen, sicher kam Elli aus einer guten Familie, wenn sie die jüdische Schule besuchte. Gina war überglücklich: „Ich wusste, dass ihr mir erlauben würdet, Elli zu besuchen. Danke schön, danke!" Als ihre Eltern begannen, sich über aktuelle Ereignisse zu unterhalten, stand Gina vom Tisch auf, wünschte ihren Eltern eine gute Nacht und machte sich auf den Weg ins Bett.

„Ich habe heute ein bisschen früher Feierabend gemacht", erklärte Emily Wolf, „sodass ich Gina begrüßen konnte, als sie von der Schule nach Hause kam. Sie scheint sehr glücklich zu sein, vor allem über ihre neue Freundin." „Ja, sie hat sich so sehr eine Freundin gewünscht", stimmte ihr Mann zu. Seufzend fügte Emily hinzu: „Sie hätte so gerne Geschwister. Wie sehr wünschte ich mir, dass das möglich wäre." „Liebes, da war nichts zu machen. Dein Wohlergehen ist das Allerwichtigste und die Operation war absolut notwendig, auch wenn das bedeutete, dass du keine weiteren Kinder bekommen kannst. Und sieh, wie viel Freude Gina uns macht." Walter sah seine Frau liebevoll an. „Du hast wie immer recht, Walter, wir werden dafür sorgen, dass sie Freundinnen um sich hat. Wie war dein Tag bei der Arbeit?" „Es war ein guter Tag, das Wartezimmer war wie immer voller Patienten. Aber ich musste heute glücklicherweise niemanden ans Krankenhaus überweisen. Komm, Liebes, lass uns schlafen gehen."

***

Ellis und Ginas erste Begegnung fand 1930 in Breslau statt, einer Großstadt im damaligen Osten Deutschlands. Die Altstadt war von einem Stadtgraben mit Wasser und Parkanlagen mit Bänken umgeben. Es war ein beliebter Treffpunkt für die Breslauerinnen und Breslauer, besonders am Wochenende, und nach der Schule spielten die Jungen auf dem Rasen Fußball. Früher hatte der Graben als äußere Verteidigungslinie gegen angreifende Feinde gedient. Dahinter hatte es einen riesigen Wall gegeben, an den aber nur noch der Name der Straße erinnerte: „Wallstraße". Mitten durch die Stadt wand sich ein großer Fluss – die Oder – die Richtung Norden floss.

In den 1930er Jahren war der jüdische Anteil an der Stadtbevölkerung sehr groß, in der Stadt lebten ungefähr 23.000 Personen jüdischen Glaubens. Im Laufe der Zeit waren auch viele polnische Juden auf der Suche nach besseren Lebensbedingungen Richtung Westen ausgewandert und hatten sich in Breslau niedergelassen. Die Jüdinnen und Juden, die bereits seit vielen Generationen in Breslau lebten, waren sehr stolz auf ihre Vergangenheit, verstanden sich als „echte" Deutsche und hielten sich für gebildeter und kultivierter als die Neuankömmlinge. Oft hatten sie sich von den jüdischen Traditionen deutlich weiter entfernt, anders als die Juden polnischer Herkunft, die erst wenige Jahre in der Stadt lebten. Es gab viele kleine und zwei große Synagogen, die im 19. Jahrhundert erbaut worden waren. Die jüdische Gemeinde war sehr gut organisiert, es gab sogar ein Krankenhaus und ein Waisenhaus. Die Schule, in der Elli und Gina sich an ihrem ersten Schultag begegneten, war eine jüdische Schule, die von Eltern gegründet worden war, denen eine jüdische Ausbildung ihrer Kinder sehr am Herzen lag. Neben den allgemeinen Fächern hatten die Schülerinnen und Schüler Unterricht in Hebräisch und jüdischer Geschichte. Die meisten Lehrerinnen und Lehrer waren ebenfalls jüdisch. Die Kinder lernten viel über *Erez Israel** – wie die Juden das Land Palästina* nannten – und sangen hebräische Lieder. Fast alle kamen aus traditionellen jüdischen Familien, sodass sie sich in der Schule sehr wohl fühlten.

Kapitel 2

Am nächsten Morgen wartete Elli ungeduldig in der Küche, während Bertha ihr Frühstück machte. Sie schlang das Essen hinunter und konnte es kaum abwarten, wieder zur Schule zu gehen und ihre neue Freundin zu treffen. Heute, am zweiten Schultag, hatte sie statt der Ostertüte einen kleinen Schulranzen dabei. Die feierliche Einschulung war vorüber. Ihre Schiefertafel* und natürlich auch die Brotdose hatte sie sorgfältig im Ranzen verstaut. Herr Cohen kam herein. „Elli, bist du fertig für die Schule? Ich setze dich auf dem Weg zum Laden dort ab." Freudig sprang Elli auf, griff nach ihrem Ranzen und folgte ihm eilig. Es war ein wunderschöner Frühlingstag und Elli hüpfte munter neben ihrem Vater her. Als sie die Schule erreichten, gab sie ihm einen schnellen Kuss und rannte dann die Treppe zur Eingangstür hinauf. Glücklicherweise öffnete ihr ein älterer Schüler die Tür. Sie war so klein, dass sie die große Klinke nur mit Mühe erreichte. Rasch lief sie zum Klassenzimmer, wo einige Schülerinnen und Schüler bereits auf ihren Plätzen saßen. Elli ließ sich auf ihrem Platz nieder, und bald darauf traf auch Gina ein, die Elli ins Ohr flüsterte: „Wir reden in der Pause." Der Unterricht verging wie im Flug. Bald schon war Pausenzeit und die Kinder nahmen ihre Brotdosen und machten sich auf den Weg nach draußen. Gina wartete auf Elli, die lächelnd zu ihr ging. „Kann ich vorbeikommen und dich nach der Schule besuchen? Meine Eltern haben gesagt, das sei in Ordnung, wenn deine Eltern einverstanden sind." „Ich frage meine Mama und wir verabreden uns für morgen, in Ordnung?", antwortete Elli. Nachdem sie das geklärt hatten, spazierten sie über den Schulhof und aßen ihre

Pausenbrote. Gina bemerkte zwei Mädchen aus ihrer Klasse, die alleine beieinander standen. „Komm, lass uns die beiden mal ansprechen", schlug Elli vor, „sie sehen nett aus." Sie gingen auf die beiden zu und sagten freundlich „Hallo". Nachdem sie sich vorgestellt hatten, beschlossen sie, die Pause zusammen zu verbringen. Ruth und Rosa freuten sich sehr. Bald fanden sie heraus, dass auch die anderen beiden Mädchen ganz in ihrer Nähe wohnten. „Perfekt!", freuten sie sich.

Bevor sie zurück in die Klasse gingen, versicherte Gina Elli im Flüsterton: „Jetzt sind wir zwar zu viert, aber du bleibst meine beste Freundin!" Elli antwortete aus tiefstem Herzen: „Für immer und ewig."

Am nächsten Tag war es soweit: Gina würde Elli zum ersten Mal besuchen. Die Mädchen konnten es kaum erwarten, bis der Unterricht endlich vorbei war. Sie freuten sich darüber, dass sie noch keine Hausaufgaben bekamen und die ganze Zeit spielen konnten. Nach der Schule begleitete Eva, das Hausmädchen der Familie Wolf, die beiden Mädchen in die Gräbschenerstraße. Elli entschuldigte sich bei den beiden, dass sie die Treppen bis zum dritten Stock hinaufsteigen mussten. „Wie aufregend", sagte Gina. „Wenn du mich besuchen kommst, brauchst du nur durch die große Eingangstür zu gehen. Ich steige so gerne Treppen!" Als sie die Wohnung erreichten, öffnete Rachel Cohen die Tür. Sie hatte sie schon erwartet und begrüßte sie freundlich. „Herzlich willkommen, Gina, kommt herein. Wir essen erstmal eine Kleinigkeit, dann könnt ihr in Ellis Zimmer gehen." Sie betraten die große Küche, wo Kekse und Milch auf dem Tisch auf sie warteten. Plötzlich kam ein kleiner Junge herein gelaufen, der Elli umarmte. „Gina, das ist mein kleiner Bruder Max. Sag mal ‚Hallo', Max. Das ist meine Freundin Gina." Max sah Gina mit großen, neugierigen Augen an. „Du siehst nett aus. Spielst du mit mir?" Schnell schaltete sich Elli ein: „Jetzt nicht, Max, nachher, in Ordnung?" Enttäuscht drehte Max sich um und trottete aus der Küche. Nachdem die Mädchen ihren Imbiss beendet hatten, führte Elli Gina zu ihrem Zimmer. Eva würde sie in zwei Stunden abholen kommen.

Elli öffnete die Tür und entschuldigte sich für ihr kleines Zimmer. Ihre Brüder teilten sich das andere Kinderzimmer. Gina sah sich begeistert um. Das Zimmer war voller Puppen und Spielsachen. „Wie schön! Was du alles hast! Und wie schön die Puppen hier sitzen! So viele Bücher. Wie gemütlich! Lass uns zuerst mit den Puppen spielen!" Im Nu waren die beiden Freundinnen völlig vertieft und spielten „Mutter-Vater-Kind". Da ging die Tür langsam auf und Max steckte seinen Kopf herein. „Darf ich mitspielen?", bettelte er. „Warum nicht? Du kannst der große Bruder der Puppen sein", sagte Gina freundlich. Genau darauf hatte Max gewartet! Sobald er mitmachen durfte, ging er zur Freude der Mädchen völlig in seiner Rolle auf. Die drei waren so in ihr „Vater-Mutter-Kind"-Spiel vertieft, dass sie ganz überrascht waren, als Bertha sie daran erinnerte, dass Gina nun gehen müsse, weil Eva schon auf sie wartete. Gina umarmte und küsste den kleinen Max und versprach, bald wiederzukommen. Gerade kam auch Ellis älterer Bruder Leo nach Hause. Als er sie sah, sagte er: „Du bist also Gina! Ich habe schon so viel von Elli über dich gehört! Tschüß!" Und schon war er verschwunden. Die Mädchen kicherten. Bevor Gina ging, verabredeten sie, dass Elli Gina in der kommenden Woche besuchen würde.

Die Zeit verging wie im Flug. In der Schule lernten sie weitere Buchstaben, sagten Gebete auf und sangen neue Lieder. In der Pause trafen sich die vier Mädchen – Elli, Gina, Ruth und

Rosa – immer in einer Ecke des Schulhofes. Sie erzählten sich von ihren Geschwistern, von einem neuen Kleid oder Spielzeug. Manchmal tauschten sie auch ihre Brote untereinander.

Bertha begleitete Gina und Elli in die Gartenstraße zu Gina nach Hause. „Oh, was für schöne Bäume! Und die Blumen vor dem Haus! Wie schön!" Elli war völlig begeistert. Als sie die weiträumige Wohnung betraten, verschlug es ihr die Sprache und sie sah sich mit großen Augen um. Eva begrüßte sie und führte sie in die große Küche, wo sie an einem runden Tisch Platz nahmen. Nach einem kleinen Imbiss gingen sie in Ginas Zimmer. Elli staunte immer noch – die vielen Türen, die in große Zimmer führten! „Was für eine riesige Wohnung!", dachte sie. Als sie Ginas Zimmer erreichten, fand Elli ihre Stimme wieder und rief: „Eure Wohnung ist so groß, dein Zimmer ist so riesig! Ich wünschte, ich hätte zu Hause auch mehr Platz!" „Sag so was nicht", antwortete Gina leise. „Ich habe mehr Platz, aber du hast deine Brüder. Du hast jemanden, mit dem du reden kannst, wenn deine Eltern nicht zu Hause sind, du kannst sogar mit ihnen spielen. Ich hätte lieber eine kleinere Wohnung, aber dafür eine große Familie! Aber das kann ich leider nicht ändern. Komm, lass uns spielen." In Windeseile waren die beiden Mädchen in ihr Spiel vertieft und vergaßen völlig die Zeit.

***

Das Leben ging seinen ruhigen Gang. Die Mädchen besuchten die Schule und freundeten sich immer mehr mit Ruth und Rosa an und luden sich gegenseitig zu ihren Geburtstagen ein. Im Jahr 1932, als sie acht Jahre alt waren, beschlossen sie – beeinflusst von älteren Schülern –, sich einer zionistischen* Jugendgruppe anzuschließen. Am Nachmittag des Schabbats* trafen sie sich nun immer in kleinen Gruppen, um Geschichten über *Erez Israel* zu hören und hebräische Gedichte und Lieder zu lernen. Wenn die Sonne langsam unterging und der Schabbat sich dem Ende entgegen neigte, versammelten sich die Kinder und Jugendlichen aller Altersstufen in einem großen Raum und sangen und tanzten den *Horo**, einen traditionellen Kreistanz. Es war magisch und beglückend – was für ein Gemeinschaftsgefühl! Manchmal machten sie sonntags Ausflüge in den Park und amüsierten sich beim Ballspielen. An einigen Feiertagen, wie zum Beispiel *Tu bi-Schevat**, dem jüdischen Neujahrsfest der Bäume, gab es eine Feier für die ganze Gemeinde. Daran waren die vier Mädchen immer beteiligt und sagten vor großem Publikum Gedichte auf. Es war eine heitere Zeit, ihre einzige Sorge war, was sie als Nächstes tun sollten. Reichte die Zeit, um die Hausaufgaben zu erledigen? Welche Lehrerin mochten sie am liebsten? War es warm genug, um in der Oder zu schwimmen? Welcher Film lief gerade? Erlaubten die Eltern den Kinobesuch?

Diese sorglose Zeit ging jedoch langsam ihrem grausamen Ende entgegen. Zwar lebten die Kinder in ihrer unschuldigen Welt, aber die Erwachsenen beobachteten mit Sorge die politischen Entwicklungen und Veränderungen durch den Aufstieg der Nationalsozialistischen Deutschen Arbeiterpartei (NSDAP*). Als Adolf Hitler im Januar 1933 von Reichspräsident Hindenburg zum Reichskanzler ernannt wurde, begannen manche Jüdinnen und Juden zum ersten Mal, sich Sorgen über ihre Zukunft zu machen. Zwar wusste man, dass Hitler ein Buch namens „Mein Kampf"* veröffentlicht hatte, in dem er seinen Hass auf die Juden und Kommunisten sehr deutlich machte und die Vernichtung der Juden ankündigte, es wurde aber nur von wenigen gelesen, am wenigsten von jüdischen Menschen. Man verstand es damals auf jeden Fall nicht als Plan für die zukünftige Entwicklung Deutschlands, auch wenn man auf der Straße immer mehr Männer in braunen Uniformen sah und sie „Heil Hitler!" rufen hörte. Dabei knallten sie die Hacken zusammen und ihr rechter Arm schoss im feurigen Gruß nach oben.

Fast jeden Monat wurden nun neue Verordnungen erlassen und umgesetzt. Die Einschränkungen richteten sich meist gegen Juden – manchmal traf es aber auch die Kommunisten oder andere politische Feinde. Irgendwann wurden deutsche Geschäftsinhaber aufgefordert, ein Schild aufzuhängen, auf dem „Arisches Geschäft" stand, und das die Deutschen ermuntern sollte, diese Läden zu unterstützen. Dieses Vorhaben verwarf man aber schnell und brachte etwas später stattdessen andere Schilder an: „Jüdisches Geschäft – Arier, kauft nicht bei Juden!" Bücher jüdischer Autorinnen und Autoren wurden öffentlich von Studierenden verbrannt, die von den Nazis dazu angestiftet worden waren. Einige polnische Juden, die – obwohl sie legal in Deutschland lebten – keine deutschen Staatsbürger waren, wurden aufgefordert, das Land zu verlassen. An den Kiosken war in der ganzen Stadt der *Stürmer** zu kaufen, eine Wochenzeitschrift voller hetzerischer Artikel und bösartiger Karikaturen über Juden. Einige jüdische Intellektuelle verließen Deutschland. Der berühmte Physiker Albert Einstein gab nach der Machtergreifung 1933 seinen deutschen Pass ab und lebte später in den USA. Aber auch andere dachten darüber nach, Deutschland zu verlassen.

Alle jüdischen Musiker, Schauspielerinnen und Tänzer verloren ihre Anstellungen bei staatlichen Einrichtungen. Als Reaktion gründeten Menschen jüdischen Glaubens 1933 den Kulturbund Deutscher Juden*, sodass Berufskünstler weiter auftreten konnten und die jüdische Bevölkerung eine Möglichkeit hatte, auch unter den repressiven Bedingungen Kunst zu genießen.

Samuel Cohens Geschäfte liefen dennoch gut. Er bot seinen Kundinnen nach wie vor an, auf Kredit zu kaufen. Die meisten waren Arbeiterinnen, die sich von einer zur anderen Lohnzahlung hangelten. Samuel war 1918 aus Polen nach Deutschland gekommen, hatte hart gearbeitet und war dankbar, dass er es in so kurzer Zeit geschafft hatte, sich mit seinem Geschäft zu etablieren. Nun wollte er anderen das Leben etwas leichter machen. Aber die veränderte Stimmung im Land bereitete ihm Sorge. Als er eines Abends nach Hause kam, wartete seine Frau Rachel schon auf ihn. Sie war sehr aufgeregt und drückte ihm einen offiziell aussehenden Brief in die Hand. „Was ist denn los, Rachel?" Als Samuel das Schreiben las, verdüsterte sich sein Gesicht. Man forderte ihn und seine Familie auf, Deutschland zu verlassen, weil sie keine deutschen, sondern polnische Staatsbürger waren. „Was sollen wir tun?", fragte Rachel verzweifelt. „Rachel, lass uns in Ruhe über die Ausweisung* nachdenken. Ich werde mich an offizieller Stelle erkundigen und versuchen, mehr Informationen zu bekommen." Am nächsten Tag beim Abendessen berichtete Samuel den Kindern von dem Schreiben und dass er bei den Behörden nachgefragt habe. Glücklicherweise hatte die Familie eine neue Aufenthaltsgenehmigung für ein weiteres Jahr bekommen. „Papa, was bedeutet das? Wo gehen wir in einem Jahr hin?", wollten die Kinder wissen. Samuel versicherte ihnen, dass die Verlängerung dann hoffentlich noch einmal gewährt werden würde. „Aber wir werden uns überlegen müssen, wohin unser Leben uns als nächstes führen soll", fügte er hinzu.

Das Leben der Familie Wolf verlief weiterhin ganz normal. Zumindest schien es Gina so. Aber auch sie wusste, dass das nicht stimmte und die Welt sich vor ihren Augen veränderte. Auch sie las die Schilder „Kauft nicht bei Juden!" und sah Gruppen von Jungen und Mädchen in den Uniformen von Hitlerjugend* und BDM* durch die Straßen laufen. Bisher war sie noch nicht angegriffen worden, aber wahrscheinlich vermutete wegen ihrer blonden Haare und blauen Augen niemand, dass sie Jüdin war. Ihre Eltern sprachen nie über Nazi-Übergriffe, nie erwähnten sie, ob sie Probleme in ihrem beruflichen Umfeld hatten. Sie hatten beschlossen, dass Ginas Leben solange wie möglich so ungestört wie bisher verlaufen sollte. Wenn sie unter sich waren, erzählte Dr. Wolf aber, dass er seine Patientinnen und Patienten nicht länger in das allgemeine Krankenhaus einweisen durfte, sondern sie ins jüdische Krankenhaus schicken musste. „Und da ist nicht immer Platz, Emily. Das ist ein echtes Problem. Wenn das so weitergeht, dann werde ich Patienten verlieren oder – wenn sie jüdisch sind – nicht wissen, wie und wo ich für ihre Behandlung sorgen soll." „Bei mir sieht es auch schlecht aus, Walter", schloss sich Emily an. „Ich warte nur darauf, dass mein Chef mir sagt, dass meine Stelle im Labor ausläuft. Er wird mir nicht direkt kündigen, weil ich Jüdin bin. Aber ich habe so eine Vorahnung, dass das kommen wird." „Du hast recht, Emily. Und spätestens dann werden wir die Feindseligkeiten, denen wir uns zunehmend ausgesetzt sehen, nicht mehr vor Gina verheimlichen können. Wir können sie nicht auf Dauer davor bewahren."

Ginas Eltern ahnten nicht, wie sehr die Veränderungen das Leben ihrer Tochter bereits beeinflussten. Jeden Tag, wenn sie mit ihren Freundinnen auf dem Schulweg war, spürte sie die hasserfüllte Stimmung gegen Juden. Sie begegneten Gruppen

deutscher Jugendlicher, die „Drecksjuden raus" riefen. Irgendwann erzählte Elli ihnen von einer fürchterlichen Zeitschrift,
dem *Stürmer*, in dem hasserfüllte Hetzparolen gegen Juden ab-
gedruckt würden. „Bist du dir sicher, dass so was wirklich in der
Zeitung steht? Werden die schrecklichen Bilder da wirklich ab-
gedruckt?" „Wenn ihr mir nicht glauben wollt, zeige ich es
euch." Ruth und Rosa hatten Angst, sich an den Kiosk zu stellen,
um den *Stürmer* zu lesen. Sie hatten Angst, dass man sie als Jüdinnen erkennen würde. „In Ordnung", sagte Elli, „Gina und ich
gehen hin und sie kann euch bestätigen, dass ich die Wahrheit
sage."

Elli und Gina überquerten die Straße und gingen zum Kiosk.
Sie versuchten, sich unauffällig zu verhalten, lasen schweigend
in der Zeitung und starrten fassungslos auf die Karikaturen.
„Elli", flüsterte Gina, „so sehen Juden nicht aus! Und was soll das
heißen, dass Juden beim Geschäftemachen betrügen? Dass sie die
Deutschen bestehlen? Lass uns gehen! Ich ertrage das nicht länger." „Ich komme mit. Aber ich werde ab und zu wiederkom-
men. Es macht mich wütend, aber es lässt auch den Gedanken
weiter wachsen, dass ich Deutschland irgendwann in naher Zukunft verlassen muss." „Wovon redest du, Elli, Deutschland verlassen? Du kannst nicht gehen! Du bist doch meine beste Freundin! Erinnerst du dich nicht daran, dass du mir versprochen hast,
dass wir immer zusammen sein werden?" „Ich weiß, dass ich versprochen habe, dass ich immer deine Freundin sein werde, und
dazu stehe ich auch nach wie vor. Aber wenn die Nazis noch
mehr Hass und Lügen über Juden verbreiten, dann gehe ich.
Meine Eltern haben mir außerdem erzählt, dass wir Nachricht
bekommen haben, dass wir Deutschland bald verlassen müssen."
„Was meinst du damit, Deutschland verlassen?" „Hitler kann

machen, was er will. Und meine Eltern wurden nicht hier geboren, sie stammen aus Polen, wir sind alle polnische Staatsbürger, nicht deutsche." Gina sah sehr niedergeschlagen aus. Sie hatte Tränen in den Augen und rang um Worte: „Elli, ich will nicht weiter darüber nachdenken. Du wirst sehen, es geht vorüber." Elli seufzte tief und entgegnete: „Ich hoffe, du hast recht." Die Mädchen verabschiedeten sich und machten sich auf den Nachhauseweg.

Als Elli die Straße entlang ging, hörte sie laute Trommeln, schmetternde Trompeten und das trampelnde Echo marschierender Stiefel. Sie blickte auf und sah eine große Parade von Nazis in braunen Uniformen, die die Straße entlang marschierten, Fahnen schwenkten und sangen. Auf den Bürgersteigen drängten sich jubelnde Menschen. Als sie näher kam, sah sie einen kleinen Jungen, der versuchte, mit den Marschierenden Schritt zu halten. Er kam ihr bekannt vor. Plötzlich erkannte sie, dass es ihr kleiner Bruder Max war. Schnell drängelte Elli sich durch die Menge, bis sie Max erreichte. Ohne ein Wort griff sie nach seiner Hand und zerrte ihn energisch hinter sich her. Als sie zu Hause ankamen, stiegen sie rasch die Treppe hinauf und klingelten. Elli fuhr Max an: „Niemals darfst du bei einer Parade mitmarschieren! Wenn die Nazis merken, dass du Jude bist, wer weiß, was sie dann mit dir machen! Verstehst du das, Max?" „Ja, ich verstehe", antwortete Max kleinlaut. „Ich verspreche es, aber ich mag doch Marschmusik so gerne, Elli."

Kapitel 3

Die Zeit verging. 1935 begrüßten die Breslauerinnen und Breslauer das neue Jahr stürmisch, sie tranken, sangen und johlten in den Straßen der Stadt. Die jüdischen Familien hingegen trafen sich zu Hause und diskutierten über die ungewisse Zukunft. Was hatte Hitler als Nächstes vor? Sollten sie Deutschland verlassen? Der Unterricht an der jüdischen Schule ging weiter, als ob die Welt frei von Bedrohungen und die wichtigste Aufgabe die Ausbildung der Kinder und Jugendlichen sei. Dabei wurde ihre Welt immer enger und eingeschränkter: keine Kinobesuche, nicht mehr in der Oder schwimmen oder wie früher im Park spazieren gehen. Es gab ein paar spezielle Angebote: Die Mädchen konnten nach der Schule in der Küche des jüdischen Krankenhauses kochen, die Jungen in einer privaten Werkstatt schreinern lernen. Am Rande der Stadt hatte die jüdische Gemeinde etwas Land gepachtet, damit die Kinder und Jugendlichen Blumen und ihr eigenes Gemüse anpflanzen konnten. Man bemühte sich sehr, die jungen Menschen zu unterstützen und ihren Horizont zu erweitern. Wer wusste schon, wann ihnen diese Fertigkeiten in Zukunft vielleicht einmal helfen würden? Vielleicht würden sie in *Erez Israel* leben und das Land bewirtschaften? Oder vielleicht in Australien? Langsam begriffen die jüdischen Verantwortlichen, dass die unsichere Situation in Deutschland bestenfalls in ein paar Jahren vorüber sein und das Leben erst dann wieder in normalen Bahnen verlaufen würde. Sollte die Situation sich jedoch weiter verschlechtern, wären die Aussichten schier unvorstellbar.

Es war *Erew Rosch ha-Schanah**, der Vorabend des jüdischen Neujahrsfestes Anfang September. Die Familie Cohen machte sich fertig, um in die Synagoge zu gehen. Die Kinder trugen dem Anlass entsprechend ihre Festtagskleidung. Leo sah trotz seines alten Anzugs sehr stattlich aus. Elli war nicht viel gewachsen, das gute Kleid vom letzten Jahr passte noch. Der kleine Max trug einen alten Anzug von Leo. Rachel Cohen sah ihre Kinder wehmütig an und sagte: „Es tut mir leid, dass wir euch dieses Jahr keine neue Anziehsachen kaufen konnten, wie wir das sonst immer zu *Rosch ha-Schanah* gemacht haben. Wie ihr wisst, müssen wir jede Mark zwei Mal umdrehen, so schlecht laufen die Geschäfte gerade. Wir sparen das ganze Geld für Leos *Bar Mizwa** in ein paar Wochen. Ihr seht gut aus, egal, was ihr anhabt." Samuel Cohen umarmte sie alle der Reihe nach, bevor sie die Wohnung verließen.

Die Synagoge war voller Menschen. Elli und ihre Mutter gingen hinauf zum Frauenbereich im zweiten Stock, von wo aus sie die versammelte Gemeinde überblicken konnten. Gedämpft hörte man die Wünsche „*L'Schana tova*, ein frohes neues Jahr", die oft von einem tiefen Seufzer begleitet wurden.

Zehn Tage später ging die Familie erneut in die gut besuchte Synagoge, um *Jom Kippur** zu feiern. Der Gesang des Kantors wurde vielfach von den Stimmen der Gemeindemitglieder begleitet, die von der eindringlichen Melodie von *Kol Nidre** („alle Gelübde") und der langen Rezitation von *Al Chet** („für die möglicherweise begangenen Sünden") ergriffen waren. Wer kann die Gedanken eines einzelnen Menschen ergründen? Wer kennt die Sorgen und Nöte der Gemeindemitglieder? Einstimmig sang die Gemeinde: „Das Alles vergib uns, G-tt der Vergebung, verzeihe es uns, und versöhne uns!" Vielleicht würde die Erlösung kommen? Vielleicht würden die Verse, die am nächsten Tag gesungen wurden, Wirkung haben? „Aber Reue, Gebet und gütige Taten haben die Macht, die Härte unseres Schicksals zu verändern." – Würde dieses Gebet die Gefahren der ungewissen Zukunft mildern? Gab es noch Hoffnung?

***

Familie Wolf besuchte die liberale Synagoge. In der Gemeinde herrschte an den hohen Feiertagen die gleiche festlich-erregte Stimmung wie in allen anderen Synagogen. Rabbi* Lewin predigte an *Jom Kippur* und wählte Zitate aus der Torah, die sich auch auf die aktuelle Situation der Juden in Deutschland beziehen ließen. Er zitierte, wie Gott zu Abraham gesprochen hatte: „‚Gehe aus deinem Vaterlande und von deiner Freundschaft und aus deines Vaters Hause in ein Land, das ich dir zeigen will.' Abraham wusste, dass diese Reise nicht leicht sein würde, aber er gehorchte Gottes Wort."

Rabbi Lewin gestand ein, dass der Weg, der vor den Juden lag, gefährlich und schwierig sein würde, aber er drängte die Gemeindemitglieder, die Worte der Torah, die an Abraham gerichtet waren, abzuwägen. Im Stillen fragte er sich, ob seine Predigt Einfluss auf die Gemeindemitglieder haben würde. Würden diese Juden, von denen viele seit Generationen in Deutschland lebten, wirklich ihr Heimatland verlassen? Wären sie bereit, diesen Schritt zu gehen?

Am Tag nach *Jom Kippur* unterhielten sich die vier Freundinnen Elli, Gina, Rosa und Ruth angeregt auf dem Schulhof. An den Tagen zwischen *Rosch ha-Schanah* und *Jom Kippur* war der Unterricht bereits mittags zu Ende gewesen und es hatte keine

Pausen gegeben, in denen sie miteinander hätten reden können. Sie sahen sich nun das erste Mal nach den Festtagen wieder. An den Hohen Feiertagen begleiteten sie immer ihre Eltern in die Synagoge. Seit sie elf Jahre alt waren, trafen sie sich am Morgen des Schabbats, um ohne ihre Eltern die Synagoge *Zum Weißen Storch** zu besuchen. Ihnen gefiel das imposante Gebäude und sie mochten es sehr, wenn der Chor sang. Aufmerksam lauschten sie den Worten des Rabbis. Heute tauschten sie sich darüber aus, was es Neues gab.

„Hat eure Familie schon begonnen, eine *Sukkah** zu bauen?", erkundigte sich Rosa. „Wir haben sonst immer direkt nach *Jom Kippur* eine Laubhütte gebaut, aber dieses Jahr wird es bei uns keine geben. Papa sagt, es sei zu gefährlich. Er hat Angst, dass uns jemand Leid antun könnte."

„Bei uns auch nicht", sagte Ruth. „Meine Eltern haben sich ebenfalls gegen eine *Sukkah* im Innenhof entschieden. Mein Papa meint, dass es das perfekte Ziel wäre, wenn jemand einen Stein auf uns werfen wollte. Eins wird mir sicher nicht fehlen: mit dem Essen hoch und runter zu laufen!"

„Und bei euch, Gina?", fragte Elli. „Werdet ihr eine *Sukkah* in eurem wunderschönen Garten haben?"

„Leider nein. Der Hausverwalter meinte, dass er nicht garantieren könne, dass die *Sukkah* heile bliebe, wenn wir eine bauten." Sie sahen sich angesichts dieser Aussichten sehr traurig an. Ihr Leben hatte sich so verändert!

„Ich habe eine tolle Idee!", rief Elli plötzlich. „Wir müssen ja diesmal nicht zu Hause helfen, dann könnten wir uns doch freiwillig melden, um die große, Gemeinschaftshütte an der Storch-Synagoge zu schmücken, oder?" Die drei Freundinnen stimmten begeistert zu und sie verabredeten, dass sie am kommenden Tag direkt nach der Schule gemeinsam zur Synagoge gehen und ihre Hilfe anbieten würden.

Es machte Spaß, die *Sukkah* zu schmücken, sie bastelten Ketten aus buntem Papier und hängten Bilder und reife Früchte auf. Dieses Jahr würden wesentlich mehr Menschen als sonst die große *Sukkah* nutzen. Viele Familien wollten sich dort zum Essen treffen, anstatt ihre eigene Laubhütte zu bauen und dann möglicherweise Ziel von Nazi-Angriffen zu werden.

15. September 1935

Am Abend vor *Sukkot*, dem Laubhüttenfest, fünf Tage nach *Jom Kippur*, schallte eine wichtige Nachricht aus dem Radio: „Deutsche, es gibt neue Gesetze gegen die Feinde des deutschen Volkes! Juden werden zukünftig auf die folgenden Bereiche beschränkt sein …" Die Schlagzeilen der Zeitungen verkündeten: „Neue Gesetze gegen die Juden!" Es folgte eine detaillierte Liste: Mischehen zwischen Juden und Christen sind verboten! Die Reinheit der deutschen Rasse muss erhalten werden! Keine arische Frau unter fünfundvierzig darf in einem jüdischen Haushalt arbeiten!" Die Liste ging noch weiter. Die *Nürnberger Gesetze** waren in Kraft getreten.

In diesem Jahr war das Laubhüttenfest für alle Juden eine traurige Veranstaltung. Sie hatten Angst und fürchteten sich vor der ungewissen Zukunft. Bertha musste den Haushalt der Familien Cohen verlassen, nachdem sie zwölf Jahre dort gearbeitet hatte. Die Familie musste sich daran gewöhnen, dass nun einmal in der Woche eine ältere Frau kam, um bei der Wäsche zu helfen. Die übrige Arbeit blieb an Rachel hängen, die auf die Hilfe der älteren Kinder angewiesen war. Die Geschäfte gingen noch schlechter. Schilder mit der Aufschrift „Arier, kauft nicht bei

Juden!" hielten Kunden davon ab, den Laden von Samuel Cohen zu betreten. Einige der Stammkunden kamen glücklicherweise weiterhin, um einzukaufen und ihre Rechnungen zu begleichen. Zum Glück arbeitete Rachel für eine jüdische Firma, sodass ihr Einkommen vorerst gesichert war.

Eva, das Hausmädchen der Familie Wolf, durfte bleiben, sie war fast fünfzig. Für Dr. Wolf stellten die Gesetze aber einen zusätzlichen Schlag dar. Seine Praxis schrumpfte, weil er deutsche Patienten verlor, die nicht in seinem Wartezimmer gesehen werden wollten, weil sie Angst vor dem langen Arm der Nationalsozialisten hatten.

Die jüdische Schule platzte inzwischen fast aus allen Nähten. Es kamen immer mehr Schülerinnen und Schüler von staatlichen Schulen – nicht nur aus Breslau, sondern auch aus den kleineren Städten und Dörfern in der Umgebung, wo es keine jüdischen Schulen gab. Oft kamen die Jugendlichen ohne ihre Eltern und fanden im jüdischen Waisenhaus ein Dach über dem Kopf. Die Schulzimmer im jüdischen Gemeindezentrum, wo bisher der Religionsunterricht für diejenigen stattgefunden hatte, die nicht auf die jüdische Schule gingen, wurden zu richtigen Klassenräumen für die neuen Mitschüler umgewandelt. Die Klassen waren bereits vorher groß gewesen, aber jetzt wuchsen sie noch weiter und waren bald völlig überfüllt. In einer Hebräisch- oder Religionsstunde konnte man Zweitklässlerinnen neben Fünftklässlern sitzen sehen, die in diesen Fächern Stoff nachholen mussten.

Nun erschien es nicht mehr so seltsam, dass man Pläne machte, um Deutschland zu verlassen. Immer mehr Menschen spielten mit diesem Gedanken. Nicht nur die wirtschaftliche Lage verschlechterte sich zunehmend, auch die persönliche Situation wurde immer schwieriger. Bei Familienfesten und unter

Freunden diskutierte man darüber, welches Land am ehesten infrage käme.

Zwei Wochen nach dem Laubhüttenfest war Leos *Bar Mizwa*. Anstatt eines rauschenden Festes, gab es nur eine bescheidene Feier. Leo trug seinen neuen Gebetsmantel, den *Tallith**, und wurde aufgefordert, aus der Torah zu lesen. Er rezitierte die Gebete und las fehlerlos aus der Torah und der *Haftara** vor. Dann wandte er sich an die Gemeinde und kommentierte die Lesung. In der Synagoge gab es anschließend einen *Kiddusch**-Empfang und zu Hause eine kleine Feier für Leos Freunde. „Es ist anders, als das, was wir uns erträumt hatten", sagte Rachel abends zu Samuel, „aber unter diesen Umständen haben wir das Beste daraus gemacht. Wenigstens sind wir alle zusammen!" Leo beschwerte sich nicht. Er war alt genug, um zu verstehen, dass das Leben der Juden sich verändert hatte und anders war als in seiner Kindheit.

In der Familie Cohen wurde oft darüber diskutiert, in welches Land man emigrieren sollte. Die Ausweisung – der Befehl, Deutschland verlassen zu müssen – hing stets bedrohlich über ihren Köpfen. Ihre Aufenthaltserlaubnis war mehrfach verlängert worden, aber sie wussten, dass dies irgendwann ein Ende haben würde. Eines Freitagabends, nachdem das Abendbrot abgeräumt und das *Birkat Hamason* gesprochen war, wandte Samuel sich an die Kinder. „Wie ihr wisst, diskutieren eure Mutter und ich schon länger darüber, in welches Land wir auswandern sollen und wo man uns aufnehmen würde. Wir haben entfernte Verwandte in New York. Ich werde ihnen schreiben und wir hoffen, dass sie uns die nötigen Papiere schicken werden, damit wir nach Amerika ausreisen können." „Nie im Leben!", entfuhr es Elli, „niemals will ich in Amerika leben!" „Na, was schlägst du denn dann vor?", fragte ihre Mutter. „Hast du einen besseren Vorschlag?" Ellis Antwort kam wie aus der Pistole geschossen: „Natürlich *Erez Israel*. Ihr wisst, dass das mein Traum ist. Ich werde niemals nach Amerika gehen!"

„Ich sehe das genauso", meldete sich Leo zu Wort, „in jedem anderen Land werden wir immer *die Juden* sein, immer fremd. Seit Jahren sind wir jetzt schon Teil der zionistischen Bewegung. Wir hören Geschichten über unser Land, wir singen hebräische Lieder – ich möchte dort leben. *Erez Israel* ist meine Heimat." Der kleine Max blickte aufmerksam von einem zum anderen, ohne ein Wort zu sagen. Er hatte noch keine Meinung dazu. Samuel sah seine Kinder an. „Ich bin wirklich stolz auf euch. Ja, wir sind Zionisten, ja, wir möchten, dass ihr so fühlt, aber es ist nicht einfach, ein ‚Zertifikat'* zu bekommen, die offizielle Erlaubnis, um nach Palästina zu reisen, wie *Erez Israel* offiziell heißt. Ich verspreche euch, wir werden beide Möglichkeiten verfolgen und sehen, was klappt."

Auch die vier Freundinnen diskutierten von Zeit zu Zeit über das Thema und jede hatte ihre eigene Meinung. Ruth und Rosa berichteten, dass ihre Eltern Anträge gestellt hätten, um nach Amerika auszuwandern. Ruth erzählte von einem reichen Onkel in New York, der versprochen hatte, ihnen die nötigen Unterlagen zu besorgen. Rosas Eltern hatten die Papiere bereits von ihren Verwandten bekommen und waren dabei, sie auszufüllen. „Meine Eltern haben gesagt, dass wir eine Nummer bekommen, sobald die Anträge eingegangen sind. Dann müssen wir warten, bis wir an der Reihe sind." „Ich hoffe, es dauert nicht so lange", bemerkte Elli und wandte sich an Gina. „Was ist mit deinen Eltern? Haben sie auch Ausreisepläne?" „Nein", sagte Gina, „sie glauben, dass das alles vorbei gehen und Hitler seine

Drohungen nicht wahr machen wird." „Ich wünschte, ich könnte auch daran glauben, aber ich habe Angst, noch länger hier zu bleiben", sagte Rosa, „schaut euch die ganzen jüdischen Geschäfte an! Dort kauft niemand mehr außer den Juden. Die Schilder *Arier! Kauft nicht bei Juden!* machen mir Angst." „Ich habe mehr Angst, wenn Hitlers Stimme überall zu hören ist. Es hört sich an, als sei er völlig verrückt", meinte Elli, „und man entkommt diesem Gebrüll fast nirgends."

Diese düstere Stimmung – ungewöhnlich für so junge Menschen, deren Leben sorglos hätte sein sollen – machte sich immer wieder breit. Glücklicherweise behielt das Leben vorerst seinen gleichmäßigen Rhythmus. Der Schulleitung gelang es, die Schülerinnen und Schüler auf andere Gedanken zu bringen. Sie hielten entschlossen an der Routine fest. Die Lehrer bemühten sich, die Kinder fürs Lernen zu begeistern und auch Singen und Theaterspielen standen weiterhin auf dem Lehrplan. Es gab sogar noch Ausflüge – trotz der offenen Feindseligkeit, die dem Bus voll jüdischer Kinder entgegenschlug. Inzwischen war die Zahl der Schülerinnen und Schüler so sehr gestiegen, dass die Kinder auf dem überfüllten Schulhof ständig zusammenstießen. Das hatte aber auch Vorteile: Kinder, die bisher nichts miteinander zu tun gehabt hatten, lernten sich kennen und freundeten sich an. Als Einzelner fühlte man sich in der warmen Gemeinschaft dieser großen Gruppe geborgen. Ab und zu konnte man beobachten, wie der beliebte Rabbiner, Dr. Simonson, durch die Menge schlenderte und stehen blieb, um ein paar Kinder zu begrüßen und sich mit ihnen zu unterhalten. In solchen Momenten verblassten die Schwierigkeiten der äußeren Welt und Ängste und Sorgen verschwanden.

Kapitel 4

Drei Jahre später, im Spätsommer 1938, war die Situation der Jüdinnen und Juden noch schwieriger geworden. Es war eine sorgenvolle Zeit. Die Hohen Feiertage wurden in gedämpfter Stimmung begangen. Hier und dort gab es leere Plätze in der Synagoge, einige Familien hatten bereits das Land verlassen. Rosa und ihre Familie hatten die lang erwarteten Papiere für die Vereinigten Staaten erhalten und sie verabschiedete sich von Elli, Gina und Ruth, die immer noch über ihre Zukunft diskutierten. Elli, die jetzt vierzehn war, hatte aufregende Neuigkeiten. Sie hatte von der Jugend-*Alijah** erfahren, einem Programm, das von der zionistischen Bewegung und der *Jewish Agency** finanziert wurde. Dort wurden Jugendliche für ein vierwöchiges Trainingsprogramm aufgenommen, und wenn sie sich qualifizierten, durften sie sich einer Gruppe anschließen, die nach *Erez Israel* fuhr. Dort kamen sie für ein zweijähriges Programm in ein Internat oder Kibbuz*, wo sie Hebräisch, die Torah und praktische Dinge wie Landwirtschaft oder Schreinern lernten. Nach zwei Jahren sollten sie auf eigenen Beinen stehen und ihre Ausbildung selbstständig fortsetzen oder sich Arbeit suchen.

„Na, was haltet ihr von dem Programm?", fragte Elli ihre Familie. „Ich bin so aufgeregt. Ich liebe euch, alle vier, aber wenn ich zur Jugend-*Alijah* zugelassen werde, werde ich auf jeden Fall gehen, denke ich." Erregt fügte sie hinzu: „Ich will nicht warten, bis es zu spät ist!" Samuel Cohen räusperte sich und sagte bedächtig zu seinen Kindern: „Ich habe eine gute Nachricht für euch. Moses Hoffman, unser entfernter Cousin aus New York, hat für uns gebürgt. Das heißt, dass wir jetzt auf einer Liste stehen, wir haben eine Nummer und werden hoffentlich endlich Visa bekommen." „Stellt euch vor, Kinder, wir werden als Familie zusammenbleiben können", freute sich Rachel, „es ist unvorstellbar, dass wir uns trennen müssten!" „Trotzdem bin ich immer noch dafür, dass wir uns auch bemühen, ein Zertifikat für Palästina zu bekommen. Habt ihr das versucht? Wenn Amerika das Ziel ist, hoffe ich, dass ihr recht habt und wir nicht warten müssen, bis es zu spät ist", gab Leo zu bedenken. „Wie ihr wisst, ist das polnische Kontingent klein und die Liste sehr lang. Ich hoffe sehr, dass Hitler wartet, bis wir ausgereist sind." Elli schwieg und biss sich auf die Lippe. Sie wollte sich nicht vorstellen, wie es wäre, in Amerika und nicht in *Erez Israel* zu leben.

Zwei Tage später trafen sich die beiden Freundinnen und Elli erzählte, dass ihre Familie möglicherweise nach Amerika auswandern würde, aber auch von ihrem Traum, sich der Jugend-*Alijah* anzuschließen. Gina war am Boden zerstört. „Wie kannst du nur daran denken, auszureisen? Was ist mit mir? Erinnerst du dich nicht, was wir uns vor acht Jahren bei der Einschulung versprochen haben? Dass wir immer zusammen sein würden?" Elli sah sie ernst an: „Gina, wir haben uns versprochen, dass wir immer Freundinnen sein würden. Daran hat sich nichts geändert. Ich werde immer deine Freundin sein. Aber wer konnte ahnen, dass sich unser Leben so verändern würde? Wer konnte ahnen, dass dieser böse Mensch Adolf Hitler an die Macht kommen würde? Und dass sein Hass auf uns Juden so groß ist? Wer weiß, was er uns noch antun wird!" Gina war so verzweifelt, dass sie kein Wort heraus brachte. Schweigend nahm sie Ellis Hand und sie gingen gemeinsam zur Schule.

***

27. Oktober 1938

An diesem Donnerstagvormittag war Samuel Cohen wie immer in seinem Geschäft. In letzter Zeit waren allerdings kaum Kunden im Laden. Das Schild über der Tür – *Arier! Kauft nicht bei Juden!* – sorgte mittlerweile dafür, dass sich nur wenige Deutsche in seinen Laden trauten. Er grübelte schweigend vor sich hin und blickte überrascht auf, als die Tür geöffnet und dann schnell wieder geschlossen wurde. Er kniff die Augen zusammen und versuchte, den Mann zu erkennen, der den Mut gehabt hatte, das Geschäft zu betreten. Als er näher kam, erkannte Samuel Herrn Bocks, einen Kunden mittleren Alters, den er seit zwei Jahren nicht mehr gesehen hatte. Eilig kam er auf Samuel zu und sprach schnell mit gedämpfter Stimme: „Ich kann nur kurz bleiben, aber ich musste vorbeikommen, um Sie zu warnen. Einer meiner Nachbarn, der für die Gestapo* arbeitet, hat mir vorhin erzählt, dass der Befehl ergangen sei, dass alle polnischen Juden zusammengetrieben und nach Polen zurückgeschickt werden sollen. Sie nennen es die ‚Polenaktion'*. Sie waren immer anständig und verständnisvoll, Herr Cohen, wenn ich Sie um Zahlungsaufschub gebeten habe, deshalb bin ich hier, um Ihnen zu sagen, dass Sie Ihre Wohnung besser verlassen sollten, bevor die Gestapo Sie und Ihre Familie abholt. Auf Wiedersehen und viel Glück." Mit diesen Worten verließ Herr Bocks den Laden so schnell wie er gekommen war. Für einen kurzen Moment stand Samuel stocksteif da und versuchte, die Nachricht zu verarbeiten, die er eben gehört hatte. Er zweifelte nicht daran, dass Herr Bocks die Wahrheit gesagt hatte. Er wusste, was er zu tun hatte. Rasch schloss Samuel Cohen den Laden ab und machte sich eilig auf den Weg nach Hause. Dabei wurde ihm bewusst, dass er vielleicht das letzte Mal in seinem Geschäft gewesen war.

Als Samuel zwanzig Minuten später die Wohnung betrat blickte seine Frau Rachel ihn überrascht an. „Du bist aber ziemlich früh dran fürs Mittagessen. Die Kinder sind noch in der Schule. War es so einsam im Laden ohne Kunden?" „Nein, daran habe ich mich inzwischen gewöhnt. Es kam aber tatsächlich ein ehemaliger Kunde vorbei, allerdings nicht um etwas zu kaufen, sondern um mir eine wichtige und fürchterliche Nachricht zu überbringen. Die Gestapo will alle polnischen Juden zusammentreiben und nach Polen zurückbringen. Wir dürfen keine Zeit verlieren, wir müssen all unsere Verwandten und Freunde informieren." „Samuel, was sollen wir tun? Wohin können wir uns retten?" „Das erste, was wir tun müssen, ist Verwandte und Freunde zu benachrichtigen. Wenn die Kinder aus der Schule zurück sind, werden wir alle die Wohnung verlassen und zum polnischen Konsulat gehen. Das Gebäude darf die Gestapo schließlich nicht betreten. Das Konsulat gehört den Polen, es ist polnisches Hoheitsgebiet, dort haben die Deutschen keine Befugnisse. Mach du uns was zu essen, Rachel, ich übernehme das Telefonieren." Eine halbe Stunde lang erledigte Samuel hektisch mehrere Anrufe, dann kamen die Kinder aus der Schule und setzten sich zum Essen an den Tisch. Rachel drängte die Kinder, sich zu beeilen, während Samuel ihnen von den neuesten Entwicklungen berichtete. „Wir gehen ins polnische Konsulat und bleiben dort, so lange wir können. Nehmt etwas zu lesen mit, damit ihr euch nicht langweilt", wies Samuel die Kinder an.

Nachmittags erreichte Familie Cohen das polnische Konsulat, wo sie viele ihrer Verwandten und Freunde trafen. Sie versammelten sich in einem der drei Räume, saßen, standen, redeten. Anfangs schienen sie freundlich aufgenommen zu werden. Gegen 22 Uhr sagte man ihnen jedoch, dass sie das Gelände nun

verlassen müssten, sie könnten am nächsten Morgen wieder-
kommen, dürften aber nicht über Nacht bleiben. Nach dieser
Nachricht verließen die versammelten Menschen das Konsulat
und gingen schweigend nach Hause. Sie wussten nicht, was sie
bei der Rückkehr in ihre Wohnungen erwarten würde. Bei Familie Cohen schien jedoch alles unverändert. Vermutlich war die
Gestapo entweder noch nicht da gewesen oder wieder gegangen,
als sie sie nicht angetroffen hatten.

28. Oktober 1938

Sie schliefen unruhig, wachten früh auf und packten ihre Sachen, um den Tag erneut im polnischen Konsulat zu verbringen.
Bevor sie die Wohnung verließen, rief Elli Ginas Eltern an und
fragte, ob sie und ihre beiden Brüder vielleicht bei ihnen über-
nachten könnten. Sie erzählte von der drohenden Gefahr, nach
Polen deportiert zu werden. Die Antwort ließ nicht auf sich warten: „Natürlich, Elli! Komm vorbei und bring deine Brüder mit,
wir haben genug Platz. Was haben deine Eltern vor?" Elli bedankte sich bei Frau Wolf und berichtete, dass ihre Eltern Un-
terschlupf bei einer anderen deutsch-jüdischen Familie gefunden hätten. Der zweite Tag im Konsulat begann. Es kamen immer mehr Menschen. Die drei Räume waren zum Bersten gefüllt
und die Menschen waren unruhig. Da der Schabbat früh begann,
machten sie sich bereits nachmittags auf den Weg zu ihren Gast-
familien.

Es war ein kalter Herbsttag, rosa Wolken zogen über den
grauen Himmel. Elli und ihre Brüder schwiegen, bis sie das Haus
der Familie Wolf erreichten, wo Frau Wolf sie herzlich begrüßte. „Gut euch zu sehen, Kinder! Kommt herein, wir haben
schon auf euch gewartet." Gina lief auf Elli zu, umarmte sie und

nahm ihren kleinen Koffer. „Ich trage ihn in mein Zimmer, ich bin so froh, dass ihr bei uns seid, Elli." Frau Wolf griff nach dem Koffer, den Leo trug, stellte ihn neben die Garderobe und bat alle ins Esszimmer. Der Tisch war mit einem strahlend weißen Tischtuch und wunderschönem Porzellan gedeckt. Herr Wolf begrüßte sie mit *„Schalom Alechem"** – Friede sei mit euch. „Kommt, lasst uns die Schabbat-Kerzen anzünden, bevor wir uns hinsetzen." Sie versammelten sich um den Tisch mit den Silberleuchtern. Die Mädchen sangen mit Emily Wolf zusammen die Segenswünsche. Walter Wolf überreichte Leo einen wunderschönen silbernen Becher und forderte ihn auf, den *Kiddusch** zu singen. „Du hast deine *Bar Mizwa* schließlich schon gehabt, Leo." Dann stimmten alle in den Segen für die *Challa**, das Schabbatbrot, ein, und setzten sich hin. „Bitte fühlt euch wie zu Hause. Wie ihr wisst, gibt es in den letzten Jahren kaum koscheres* Fleisch, seitdem Hitler uns verboten hat, nach den Gesetzen der Torah zu leben. Aber wir haben es diese Woche geschafft, eine koscheres Hühnchen zu bekommen." „Das ist bei uns zu Hause auch so, wir sind daran gewöhnt. Ein Hühnchen für zwei Mahlzeiten!", rief Max. Die Mädchen standen auf und halfen Frau Wolf, das Essen zu aufzutragen.

Das Gespräch am Essenstisch drehte sich bald um die aktuelle Situation. „Was steckt denn hinter diesem neuen Gesetz, das polnische Juden so plötzlich ausweist?", fragte Emily Wolf die Kinder. „Wir wissen es nicht genau", antwortete Leo, „es gibt Gerüchte, dass es damit begann, dass die polnische Regierung mit dem sogenannten März-Gesetz* verfügt hat, dass polnische Staatsbürger, die fünf Jahre lang nicht in Polen gelebt haben, ihre Staatsbürgerschaft verlieren, und die Deutschen wollen natürlich nicht, dass all die polnischen Juden hier bleiben. Schließlich haben viele von uns polnische Pässe. Warum sollte Deutschland all die polnischen Juden haben wollen, sie haben doch ohnehin schon genug!" „Und was werdet ihr jetzt tun? Habt ihr Ausreisepläne?", wollte Frau Wolf wissen. „Elli, sag mir, was du tun wirst", bat Gina. Elli blickte in die Runde und sagte dann mit leiser, aber fester Stimme: „Unsere Eltern haben endlich Antwort von unseren Verwandten in New York, sie werden uns helfen, Deutschland zu verlassen. Dabei gibt es zwei Probleme: Erstens werden wir lange warten müssen, bis wir endlich ausreisen dürfen, und zweitens werde ich nicht mitfahren." Herr und Frau Wolf sahen Elli überrascht an. „Wie meinst du das, dass du nicht mitfahren wirst, Liebes?" „Ich habe mich entschieden, dass ich nicht in Amerika wohnen möchte, ich will in *Erez Israel* leben. Ich bin fest entschlossen und meine Eltern wissen das." „Wie willst du denn nach *Erez Israel* kommen?", wollte Herr Wolf wissen. „Warum reist eure Familie nicht gemeinsam dorthin?" Leo schaltete sich in die Unterhaltung ein. „Unsere Eltern würden sehr gerne nach *Erez Israel* auswandern, aber die Engländer vergeben nur eine begrenzte Zahl an Zertifikaten. Ich teile Ellis Einstellung. Ich würde auch am liebsten in *Erez Israel* leben."

Gina sah von einem zum anderen, die Angst stand ihr im Gesicht. Dann platzte sie heraus: „Elli, wie kannst du bloß auf die Idee kommen, ohne deine Eltern auszureisen, wie kannst du mich hier zurücklassen?" Frau Wolf stand auf und zwang sich, mit ruhiger Stimme zu sagen: „Kinder, ich glaube, es ist Schlafenszeit. Wir sprechen ein anderes Mal weiter. Eure Eltern erwarten euch morgen früh im Konsulat. Und egal, was passiert, ihr könnt so lange bei uns bleiben wie nötig."

Gina ging mit Elli in ihr Zimmer und flüsterte ihr zu: „Elli, versprichst du mir, dass du mich nicht hier in Deutschland alleine lässt?" Ernst antwortete Elli: „Wir werden sehen." Als sie im Bett lag, konnte sie nicht einschlafen. Sie dachte über diesen Freitagabend nach. Ihr wurde klar, dass es das erste Mal gewesen war, dass sie den Schabbat ohne ihre Eltern gefeiert hatte. Würde sie sie wirklich verlassen können, um mit der Jugend-*Alijah* nach *Erez Israel* zu gehen? Wie würde ihr Leben dann aussehen? Schließlich vermischten sich die Gedanken mit ihren Träumen, sie sah Palmen, blauen Himmel, das war *Erez Israel*! Sie schlief tief und fest und wurde in ihren Träumen weit davon getragen.

Noch vor Sonnenaufgang machten sich die Kinder unauffällig auf den Weg zum Konsulat. Als sie dort ankamen, sahen sie, dass bereits andere vor ihnen den Weg zu der rettungsverheißenden Insel gefunden hatten, der einzige Ort, an dem die Nazis und ihre Handlanger ihnen nichts anhaben konnten. Ein nicht enden wollender Strom von Familien drängte in die Räume des Konsulats, bis diese völlig überfüllt waren. Es summte und brummte, man tauschte sich über die Gastfreundschaft aus, die man von den befreundeten deutschen Juden erfahren hatte. Nie zuvor hatte es ein solches Gefühl der Nähe zwischen den deutschen und den polnischen Juden gegeben. Es ließ die Jahre vergessen, in denen sich die eine der anderen Gruppe überlegen gefühlt hatte. Plötzlich begann eine Frau in der Nähe des Fensters zu schreien. „Die Nazis sind unten, gleich sind sie hier!" Wie der Blitz verbreitete sich ihr Aufschrei von einem Raum zum anderen. Es wurde geweint, geschoben und gedrängelt, aber es gab keine Verstecke. Erst nach ein paar Minuten sahen sie, dass die Nazis unten auf der Straße vorbei gezogen waren, ohne das Konsulat zu betreten. Sobald die Nachricht sich herumgesprochen hatte, kehrte wieder Ruhe ein. Bei Einbruch der Dämmerung verließen die Familien erneut in kleinen Gruppen die Sicherheit des Konsulats, um keine Aufmerksamkeit zu erregen. Als sie sich am Sonntagmorgen erneut trafen, beschlossen die meisten, dass sie das Risiko eingehen und vor Einbruch der Dunkelheit nach Hause zurückkehren würden.

Kaum hatte die Familie Cohen ihre Wohnung betreten, klingelte das Telefon, es war jemand von der jüdischen Gemeinde am Apparat. Die Botschaft war einfach: „Schmiert Brote und kocht Kaffee und bringt die Lebensmittel morgen zum Hauptbahnhof. Züge voller polnischer Juden kommen von der polnischen Grenze zurück. Als die deutschen Züge – bis oben hin voll mit Juden – am Samstag an der polnischen Grenze ankamen, haben die Polen die Grenze dichtgemacht und sie nicht passieren lassen. Seid um neun morgen früh am Bahnhof! Die Menschen haben achtundvierzig Stunden nichts gegessen!"

Am nächsten Morgen machte sich die Familie daran, Brote zu schmieren. Sie kochten Kaffee, füllten Kanister mit Wasser und packten Tassen und Servietten ein. Dann sah man Gruppen von Jugendlichen Richtung Bahnhof strömen, aber kein einziger Erwachsener war unterwegs. Anscheinend hatten alle Familien die gleiche Idee gehabt und dachten, dass es sicherer sei, die Kinder zu schicken, anstatt die Erwachsenen der Gefahr einer Verhaftung auszusetzen. Der Zug fuhr pünktlich ein und hielt am Bahnsteig. Die Kinder näherten sich dem Zug und reichten Essen und Getränke durch die offenen Fenster hinein, aus denen die Menschen ihnen eifrig Arme entgegenstreckten. Auf dem Bahnsteig standen auch deutsche Soldaten, die das Geschehen beobachteten, aber sie mischten sich nicht in die Hilfsaktion ein. Wie reagierten die Kinder? Hatten sie Angst? Machten sie sich Sorgen? Keine Spur. Sie waren stolz und hatten das Gefühl, etwas

Sinnvolles getan zu haben, auch wenn es nur ein kleiner Beitrag war.

Die Ereignisse der letzten Tage hatten die jüdische Gemeinschaft in Angst und Schrecken versetzt. Was würde als nächstes geschehen? Wann würde wieder etwas passieren? Der Schulbetrieb lief normal weiter, aber es schien, als ob Lehrer und Schüler sich nur in Zeitlupe bewegten, ohne den üblichen Enthusiasmus, in gedämpfter Stimmung. Die Juden belagerten die Konsulate verschiedener Länder und griffen nach jedem Strohhalm, um Deutschland verlassen zu können. Elli beantragte einen polnischen Pass, der ihr auch ausgestellt wurde. Ohne Pass würde sie Deutschland nicht verlassen können und es niemals nach *Erez Israel* schaffen, das wusste sie. Sie nahm sich vor, in Kürze das Büro der zionistischen Bewegung zu besuchen und sich zu erkundigen, welche Möglichkeiten es gab, um sich einer Gruppe Jugendlicher anzuschließen, die mit der Jugend-*Alijah* ausreiste. Auch Walter und Emily Wolf begannen, eine Auswanderung zu planen. Walter versicherte seiner Frau und Gina, dass es einfach sein würde, Visa für die Familie zu bekommen, weil er Arzt sei. Ärzte würden schließlich immer gebraucht. Aber er sollte sich irren. Er wanderte von Vertretung zu Vertretung, von Konsulat zu Konsulat und versuchte, Visa zu erhalten, vielleicht auch nur ein Besuchsvisum, egal was. Meist kam er enttäuscht und niedergeschlagen zurück. Würde er seine Familie retten können? Diese Last lag schwer auf seinen Schultern.

Viele der deutschen Juden waren lange vorsichtig optimistisch gewesen und hatten geglaubt, dass ihnen nichts passieren könne und eine Ausweisung nur den polnischen Juden gelten würde. Sie waren schließlich deutsche Juden, deren Vorfahren schon seit Hunderten von Jahren in Deutschland gelebt hatten.

Obwohl die meisten Gesetze, die Juden beschränkten, sie alle betrafen – unabhängig von der Staatsbürgerschaft – klammerten sie sich an diesen Strohhalm und wollten ihre Illusion lange nicht aufgeben.

Gina und Elli trafen sich jeden Tag. Nur selten redeten sie über den Alltag, ein anderes Thema beschäftigte sie immer: Wie sollte es weitergehen? Wie lange konnten sie noch in Breslau bleiben? Gina gefielen Ellis Pläne nicht. „Wie kannst du nur daran denken, deine Eltern zu verlassen? Wie kannst du mich hier in Deutschland zurücklassen?" Elli betonte, dass es kein Mangel an Liebe für ihre Familie oder Gina sei, aber das sie auf ihr Herz hören müsse: „Ich will leben und nicht warten, bis es zu spät ist. Und ich weiß, wo ich leben möchte. Erinnerst du dich, Gina, was in der Torah steht, dass man das Leben wählen muss? Das bedeutet nicht, dass ich dich nicht gern habe. Das tue ich. Ich bin mir sicher, dass ich meine Familie vermissen werde und dass du mir fehlen wirst! Aber ich bin bereit, die Trennung in Kauf zu nehmen." Gina konnte und wollte Ellis Erklärungen nicht akzeptieren. „Ich kann mir nicht vorstellen, ohne meine Eltern zu leben", wiederholte Gina immer wieder. Schweigend gingen sie weiter. Ihre Spaziergänge in den Straßen von Breslau beschränkten sich auf das Nötigste, den Schulweg und wenige Erledigungen. Überall sah man antisemitische Parolen. Der *Stürmer* veröffentlichte Geschichten mit bösartigen Verschwörungstheorien, nach denen die Juden sich angeblich gegen die Deutschen verbündeten. Nirgends konnte man dem Hass und den verbalen oder physischen Übergriffen entkommen.

Kapitel 5

Mittwoch, 9. November 1938

Es war ein kühler, frischer Herbsttag, ab und zu schaute die Sonne durch die Wolken, als ob sie sagen wollte: „Noch ist der Winter nicht da!"

Elli und Gina gingen zusammen zur Schule, sie trugen ihre warmen Mäntel und hatten die Hände in den Taschen. Sie beobachteten, wie die bunten Blätter von den Bäumen segelten und auf dem Boden herumwirbelten. „Jetzt fühlt es sich wirklich nach Herbst an", sagte Gina wehmütig. „Die Jahreszeiten kommen und gehen, als ob nichts passiert wäre." „Ich bin froh, dass wir uns zumindest auf die Natur verlassen können", erwiderte Elli.

Der Schultag begann mit einer Versammlung. Dr. Stern, der Schulleiter, begrüßte die Schülerinnen und Schüler mit einem herzlichen *„Schalom!"** „Ich freue mich, dass so viele von Euch hier sind. Leider sind einige unserer Brüder und Schwestern inzwischen in Polen. Wir hoffen, dass sie und ihre Eltern in Sicherheit sind. Wir leben in schwierigen Zeiten und wissen nicht, was als Nächstes geschehen wird. Ihr müsst stark sein, den Glauben an unsere Tradition wach halten und die Hoffnung bewahren. In der Torah stehen die Worte, die Moses zu Josua sprach: ‚*Chasak W'emaz*, sei mutig und stark!' Denkt daran, dass dies oft zu unseren Vorfahren gesagt wurde. Erinnert euch daran, wenn ihr in Not seid. Und wenn es ein Problem gibt, dann nehmt euch ein Herz und sprecht mit uns." Nach dieser kurzen Ansprache gingen die Schülerinnen und Schüler in ihre Klassenzimmer.

Fräulein Bauer, Ellis und Ginas Klassenlehrerin, versuchte nicht mehr, dem Lehrplan zu folgen. Stattdessen forderte sie die Schüler auf, sich an Zeiten in der Geschichte zu erinnern, als die Juden unter ähnlichen Bedingungen gelebt hatten. Einige nannten die Zeit, als die Babylonier den Heiligen Tempel zerstört hatten und die Juden ins Exil vertrieben wurden. Andere erinnerten an die römische Zeit, die Zerstörung des Zweiten Tempels und das erneute Exil der jüdischen Bevölkerung. Einige erwähnten die Inquisition in Spanien und die Pogrome in Russland und Polen. An jüdischen Leidensgeschichten mangelte es nicht. Es war schwierig zu vergleichen, aber es herrschte kein Zweifel: Alle hatten Angst vor dem Ungewissen. Dann begannen sie, Fragen zu stellen. Immer ging es um das erdrückende Dilemma: Sollte man Deutschland verlassen und wenn ja, wohin sollte man ausreisen? Wo würde man in Sicherheit sein und ein neues Zuhause finden? Für Elli war es völlig klar: „Es gibt nur einen Ort, wo wir hinfahren können, *Erez Israel* ist unsere Heimat. Das kann niemand bestreiten." Einige, die wie sie begeisterte Zionisten waren, teilten ihre Meinung. Andere träumten von anderen Zielen: USA, Niederlande, Frankreich, England. Aber das Problem ließ sich nicht lösen. Manche waren fest entschlossen, ihren Traum zu verwirklichen, andere so unentschieden wie zuvor.

An diesem Mittwoch im Herbst wurde es in Breslau früh dunkel. Nach dem Abendessen saß die Familie Cohen um das Radio und hörte über Kurzwelle *BBC*, die britischen Nachrichten aus London. Das war mutig. Wären sie dabei erwischt worden, hätten ihnen schwere Strafen gedroht. Es waren die üblichen Zitate aus Hitlers Reden zu hören, seine Drohungen gegen Juden: „Die Juden sind unser Unglück! Wir brauchen mehr Lebensraum im Osten." Die Londoner Kommentatoren spekulierten, welche Schritte Hitler unternehmen würde, um seine Ziele zu erreichen. Welches Land würde nach dem „Anschluss*" Österreichs als nächstes an der Reihe sein?

***

Die Familie Cohen ging schlafen. Plötzlich hörte man Glas zersplittern, danach lautes Geschrei. Alle fünf stürmten im Schlafanzug ins Wohnzimmer. Sie sahen sich entsetzt an und wussten nicht, woher der Lärm unten auf der Straße kam. Samuel Cohen bedeutete ihnen, in der Mitte des Raumes zu bleiben, und näherte sich dem Fenster. Langsam und sehr vorsichtig zog er die Vorhänge zur Seite, warf einen kurzen Blick auf die Straße und schloss sie wieder. Er winkte seine Familie näher heran. „Papa, was hast du gesehen? Was ist da unten los?", wollten die Kinder wissen. Sie setzen sich um ihn herum aufs Sofa und er berichtete: „Ihr kennt doch die Familie Goldberg, oder? Denen der Laden im Erdgeschoss gehört? Da unten ist eine große Gruppe uniformierter Männer, einige auch in Zivil, die das Schaufenster der jüdischen Eisenwarenhandlung einschlagen. Und sie schlagen nicht nur die Scheiben kaputt, sondern plündern auch den Laden! Gott steh uns bei, was kommt als Nächstes?" „Wie bekommen wir heraus, was da los ist? Es ist zu spät, um noch irgendwo anzurufen", bemerkte Rachel, „ich fürchte, wir müssen bis morgen früh warten." In dem Moment rief Max, der sich verstohlen dem Fenster genährt und die Vorhänge leicht geöffnet hatte, leise nach seinen Geschwistern: „Kommt her, das müsst ihr euch ansehen." Schnell waren Leo und Elli an seiner Seite und blickten auf die Straße. Das Bild, das sich ihnen bot, war furchterregend. Eine Horde Braunhemden und ein paar Schlägertypen in Zivil schlugen

Scheiben ein, andere kamen mit Pfannen, Töpfen, Besen und Werkzeugen in der Hand aus dem Geschäft. Nach einer Weile traten die Kinder vom Fenster zurück und umarmten ihre Eltern. „Was geschieht jetzt? Was bedeutet das?" „Eins nach dem anderen", sagte Rachel Cohen, „jetzt müssen wir erstmal überlegen, was wir als Nächstes tun. Samuel, gib bitte jedem Kind etwas Geld, falls die Nazis kommen und uns abholen, wir könnten getrennt werden. Und dann legen wir uns am besten wieder hin, auch wenn an Schlaf wohl nicht zu denken ist. Morgen wissen wir dann hoffentlich mehr." Samuel ging ins Schlafzimmer und kam mit einem Bündel Geldscheinen zurück. Er gab jedem Kind dreißig Mark. „Behaltet es bei euch und versteckt es gut am Körper, wenn ihr nachher aufsteht. Eure Mutter hat recht, geht wieder ins Bett und versucht euch auszuruhen, auch wenn ihr nicht schlafen könnt." Sie verließen das Wohnzimmer und gingen zurück ins Bett. Nach und nach wurde das Brüllen und Fluchen auf der Straße leiser und verstummte schließlich ganz. Die Familie Cohen konnte nicht ahnen, dass der 9. November 1938 später rückblickend als der wirkliche Anfang vom Ende erscheinen sollte.

Früh am nächsten Morgen klingelte das Telefon. „Samuel, hier ist Motti. Anscheinend war gestern nicht nur bei mir in der Nachbarschaft so viel los, sondern überall in der Stadt. Ich habe Angst, rauszugehen und nach meinem Laden zu sehen. Würdest du mir vielleicht den Gefallen tun und Elli losschicken, um zu gucken, wie es dort aussieht? Sie ist die einzige in der Familie, die nicht jüdisch aussieht. Bitte tu mir den Gefallen!" Kaum hatte Samuel aufgelegt, klingelte das Telefon erneut. Dieses Mal war es sein Cousin Velvel, der die gleiche Bitte hatte. Das Telefon klingelte ununterbrochen, immer wieder riefen Menschen mit der Bitte an: „Könntest du Elli losschicken? Hast du gehört, dass alle Synagogen zerstört worden sein sollen?" Als Samuel das hörte, schlug ihm das Herz bis zum Hals. „Nicht die Synagogen, oh Gott, nicht die Synagogen", flüsterte er.

Dann ertönte die Klingel an der Wohnungstür, einmal, zweimal und ein drittes Mal – als ob sie dem Telefon Konkurrenz machen wollte. Zuerst kamen Ron und Kurt, zwei von Leos Freunden, die hastig eintraten und Leo fragten, ob sie bei ihm bleiben könnten. Ihre Stimmen überschlugen sich fast. „Natürlich", antwortete Leo, „aber was ist denn los?" „Die Gestapo und die Polizei gehen von Haus zu Haus und verhaften deutsche Juden. Können wir für eine Weile bei euch bleiben?" Dann kam Rudi, der Leo ebenfalls fragte, ob er ein paar Stunden bleiben könne. „Du glaubst mir nie, was passiert ist. Es war jemand an der Wohnungstür, der mit meinem Vater sprach. Als ich gemerkt habe, dass es die Polizei ist, bin ich hinten raus geschlichen und weggelaufen. Und jetzt bin ich hier und habe keine Ahnung, was mit meinen Eltern und meiner Schwester passiert ist." Als es das nächste Mal klingelte und Elli öffnete, stand die Familie Wolf vor der Tür. „Herein, herein", Elli bat die drei in die sich schnell füllende Wohnung.

„Mama, schau, wer gekommen ist!" Rachel ging auf die Familie Wolf zu, umarmte Emily und Gina und führte sie und Herrn Wolf ins Schlafzimmer. „Fühlen Sie sich bitte wie zu Hause. Sie können so lange bleiben, wie nötig." Samuel steckte den Kopf ins Schlafzimmer und als er die Familie Wolf sah, bat er sie zu den anderen ins Wohnzimmer. „Bitte setzen Sie sich. Da einige von Ihnen von draußen kommen, können wir vielleicht versuchen zu verstehen, was all das zu bedeuten hat. Elli, du kannst jetzt gehen, bitte schau nach den Geschäften, die ich dir genannt habe. Und bitte sei vorsichtig!"

„Ja, Papa", antwortete sie, nahm ihren Mantel und ging zur Tür. „Wo schickst du sie hin", fragten ein paar besorgte Stimmen, „weißt du nicht, was da los ist?" „Keine Sorge, Elli weiß, wie sie sich zu verhalten hat. Sie wird bald zurück sein." Bevor Elli die Wohnung verließ, umarmte Gina sie noch einmal schweigend. Sie machte sich Sorgen um ihre Freundin und wusste, dass sie niemals den Mut gehabt hätte, alleine hinauszugehen und sich unbekannten Gefahren zu stellen.

Elli trat auf den Gehweg und ging unauffällig die Straße entlang. An der Ecke bog sie in Richtung der Geschäfte ihrer Verwandten ab. An einer Querstraße hielt sie einen Moment inne. Es roch nach verbranntem Papier. An der nächsten Kreuzung konnte sie das imposante Gebäude der zweitältesten Synagoge Breslaus sehen, die 1865 für die liberalen Juden gebaut worden war. Die Mauern standen noch, aber auch von weitem konnte sie sehen, dass die Türen weit geöffnet waren. Der Gehweg war voller Asche, halb verbrannte Seiten aus Gebetsbüchern qualmten vor sich hin, Pergamentstücke lagen auf dem Boden. Gerne wäre Elli näher herangegangen, aber sie war vernünftig und setze ihren Weg wie aufgetragen fort. Das Herz war ihr schwer und Tränen rollten ihr über die Wangen. Sie kam an verschiedenen jüdischen Geschäften vorbei und sah, dass sie alle zerstört und geplündert worden waren. Sie musste an die vergangene Nacht denken und wie die Nazis im Geschäft unten bei ihnen im Haus gewütet hatten. Sie rechnete nicht damit, dass die Läden ihrer Verwandten in besserem Zustand sein würden. Und sie behielt recht. Das Schaufenster von Onkel Reubens Spirituosenladen war eingeschlagen, die Tür aufgebrochen. Auf der Straße lag noch mehr zerbrochenes Glas. „Die Schläger hatten es vermutlich eilig und waren nicht vorsichtig genug, als sie die Wein- und Schnapsflaschen mitgehen ließen", dachte Elli bitter. Nebenan wirbelten Federn in der Luft. Das war alles, was von Onkel Schlomos Bettengeschäft noch übrig war. Sie hatte genug gesehen. An der nächsten Ecke schlug sie den Weg nach Hause ein. Traurig ging sie langsam die Straßen entlang, als ob sie ihren Bericht noch etwas aufschieben wollte.

Unterwegs sah sie wie einige Polizisten jüdische Männer abführten und auch einige Nazis in Uniform Juden in die Mitte genommen hatten. Elli wusste, dass das nichts Gutes bedeuten konnte. Die Männer waren auf dem Weg zur Polizeistation, vielleicht würden sie ins Gefängnis kommen. Sie fühlte sich auf einmal sehr hilflos und hatte Angst. Angst vor dem Ungewissen, Angst um diese unglückseligen Männer, um ihre Familien und ihre Freunde. Bei ihrer Rückkehr versuchte sie, die Angst zu unterdrücken, um möglichst gefasst berichten zu können.

Als sie das Wohnzimmer betrat, wurde Elli von allen umarmt und sie lauschten ihr gespannt. Sie erzählte, was sie gesehen hatte und wie es sich angefühlt hatte, durch die Straßen zu gehen. „Alle jüdischen Geschäfte sind zerstört und geplündert worden. Die Angreifer wussten genau, um welche Läden es sich handelte und was sie zu tun hatten. Zwei Sachen haben mich besonders getroffen: die Zerstörung der Neuen Synagoge und die jüdischen Männer, die von der Polizei abgeführt wurden. Wo bringen sie sie hin? Ins Gefängnis? In ein Konzentrationslager? Ich habe keine Antwort, bin aber zu dem Schluss gekommen: Wir alle müssen Deutschland so schnell wie möglich verlassen!" In den Gesichtern der Eltern, Geschwister und Freunde spiegelte sich Sorge und Angst. Samuel Cohen blickte seine Tochter stolz an und sagte: „Elli, wir alle danken dir für deinen Mut, du warst sehr tapfer, ich habe es nicht anders von dir erwartet. Während du unterwegs warst, haben wir die *BBC*-Übertragung aus London gehört und erfahren, dass die Angriffe geplant waren. Sie fanden überall gleichzeitig statt, in Städten und Dörfern in Deutschland und Österreich. Noch wissen wir nicht, was dahinter steckt. Aber ob das wirklich wichtig ist? Braucht Hitler noch einen Grund, eine Entschuldigung, um weiter zu machen? Ihr könnt gerne so lange bleiben, wie ihr möchtet, diesmal scheinen die deutschen Juden das Ziel zu sein. Ich glaube aber auch, dass Elli recht hat. Wir müssen alles versuchen, um dieser fürchterlichen Situation irgendwie zu entkommen." Es entspann sich eine gedämpfte Unterhaltung, bis die Gäste irgendwann nach und nach beschlossen, dass es doch besser sei, nach Hause zu gehen, vielleicht noch einen Tag abzuwarten und dann die Besuche bei den Konsulaten und den Büros der jüdischen Organisationen wieder aufzunehmen. Langsam leerte sich die Wohnung. Die Nacht des 9. November 1938 ging als „Kristallnacht" oder „Reichspogromnacht"* in die Geschichte ein. Es war eines der zentralen Ereignisse auf dem Weg der systematischen Verfolgung und Vernichtung der Juden während des Nationalsozialismus.

„Papa, Mama", sagte Elli, „ihr wisst, was ich über das Leben in Deutschland denke, und wie gerne ich ausreisen möchte. Ihr wisst auch, wie sehr ich euch und Leo und Max liebe. Auch wenn ihr bald nach Amerika fahren werdet, so muss ich doch meinen eigenen Weg nach *Erez Israel* finden. Ich will es zumindest versuchen. Bitte versucht mich zu verstehen! Morgen, wenn es in der Stadt wieder ruhiger ist, werde ich zum Büro der zionistischen Organisation gehen und mich erkundigen, wie ich mich einer Jugend-*Alijah*-Gruppe anschließen kann. Bitte habt Verständnis!" Ellis Eltern sahen sich an, ihnen standen Tränen in den Augen. „Elli, wir werden dir keine Steine in den Weg legen. Wenn du versuchen möchtest, dich der Jugend-*Alijah* anzuschließen, dann mach das auf jeden Fall", sagte ihre Mutter. „Wir werden dich nicht daran hindern." Max rannte zu Elli, umarmte sie und heulte los: „Du darfst nicht weggehen. Du bist doch meine Elli." „Beruhig dich, Max, noch bin ich nicht weg. Und ich verspreche dir, dass wir uns alle wiedersehen, auch wenn ich Deutschland vor euch verlassen sollte!"

***

Am nächsten Tag lag eine geisterhafte Stille über der Stadt. Hier und da fuhren fast leere Busse vorbei. Die Fußgänger hatten es eilig, sie gingen zielstrebig ihrer Wege und sahen weder nach rechts noch nach links. Immer noch sah man Polizisten und SS-Männer, die jüdische Männer abführten – mit unbekanntem Ziel. Jüdische Ladenbesitzer versuchten die Glasscherben aufzukehren und das zerbrochene Mobiliar wegzuräumen, so wie es die Behörden verlangt hatten. Eine deutsche Stadt musste schließlich sauber sein! Nur wenige Schüler machten sich auf den Weg zur jüdischen Schule. Dort erfuhren sie, dass die Schule bis auf weiteres den Betrieb eingestellt hatte. Elli sparte sich den Umweg und ging direkt zum Büro der zionistischen Organisation. Als sie dort ankam, drängte sich auf dem Flur bereits eine Menschenmenge. Da sie nicht wusste, was sie tun sollte, fragte sie die Frau, die vor ihr stand, um Rat. „Warte einfach ein bisschen ab, dann kommt jemand und gibt dir eine Nummer. Aber vermutlich kommst du heute nicht mehr dran. Der Schabbat beginnt früh." In dem Moment kam ein junges Mädchen auf Elli zu und reichte ihr eine Nummer. „Komm Sonntagmorgen um 11 Uhr wieder. Dann haben wir Zeit für dich." Etwas enttäuscht nahm Elli den Zettel mit der Nummer zwölf entgegen. „Den darf ich nicht verlieren", dachte sie und machte sich auf den Nachhauseweg.

Als sie an diesem Freitagnachmittag die Wohnung betrat, wurde ihr schmerzlich bewusst, wie sehr sich die Atmosphäre verändert hatte. Zwar roch es nach selbst gebackener *Challa* und auf dem Herd köchelte ein Topf Suppe, aber es fehlte der Geruch nach gebratenem Hühnchen oder frisch gebackenem Kuchen. Niemand summte Schabbatmelodien. Wo würden sie für den Gottesdienst hingehen? Glücklicherweise war die Fassade der wunderschönen Storch-Synagoge nicht zerstört worden, aber das Innere hatte man geplündert und die Bänke waren mutwillig zerschlagen worden. Keine der kleineren Synagogen, kein einziges der *Stiebel* war verschont geblieben. Anscheinend hatten die Nazis eine sehr genaue Liste aller Gotteshäuser gehabt. Unversehrt geblieben waren nur die jüdische Schule, das jüdische Waisenhaus und das jüdische Krankenhaus. Glücklicherweise waren auch die Büros der jüdischen Gemeinde im Hof der Synagoge *Zum Weißen Storch* weiter funktionsfähig. Aber alle Zeichen jüdischen Lebens in den Straßen Breslaus waren systematisch und brutal zerstört worden, als ob man sagen wollte: „Für euch gibt es in dieser Stadt und in diesem Land keine Zukunft." Das Leben war seit Hitlers Machtergreifung 1933 immer schwieriger geworden, nun erschien es endgültig düster und hoffnungslos.

Nach dem kurzen Gebet am Freitagabend saß die Familie beim Abendbrot zusammen. Es war egal, dass es deutlich bescheidener als in der Vergangenheit ausfiel. Nach dem Essen sangen sie *Zmirot**, traditionelle Lieder, und versuchten wie sonst die Atmosphäre des Schabbats heraufzubeschwören. Erst danach berichtete Elli vom Besuch des zionistischen Büros. „Ich kann es gar nicht erwarten, dass es Sonntag wird und ich mit jemandem dort sprechen kann." „Und dann? Was glaubst du, was sie dir sagen? Dass schon ein Zertifikat für dich bereit liegt?", fragte Leo sarkastisch. Samuel unterbrach ihn: „Es ist nicht wichtig, wie genau es weitergeht. Elli hat die Initiative ergriffen, um ihr Ziel zu verfolgen. Wir können es uns nicht leisten, abzuwarten und uns zurückzulehnen, bis die Erlösung an die Tür klopft." Leo spürte die Zurechtweisung in den Worten seines Vaters und rief: „So gerne ich mich auch selbst der *Alijah* anschließen würde, aber ich fühle mich auch für euch und Max verantwortlich. So lange ich nicht weiß, wann euch die Ausreise gelingt, werde ich meine eigenen Träume nicht weiter verfolgen." Nach Leos Ausbruch folgte eine betretene Stille. Schließlich ergriff Rachel das Wort: „Leo, ich danke dir für deine Fürsorglichkeit und Liebe. Aber ich glaube nicht, dass Elli uns weniger liebt. Wir hoffen, dass wir bald Nachricht erhalten, dass wir nach Amerika ausreisen dürfen. Das ist das Allerwichtigste. Es würde nichts an der Situation ändern, wenn Elli bliebe. Gegenwärtig haben wir alle nur ein Ziel: so schnell wie möglich auszureisen! Wenn du die Möglichkeit hast, dich der *Alijah* anzuschließen, Leo, dann tu das bitte unbedingt! Wir sollten darüber nicht streiten. Wir lieben euch beide."

Kapitel 6

Die Stimmung in der Familie Wolf war ähnlich düster wie bei den Cohens. Sie saßen um den Esstisch und Walter Wolf begann, zögerlich mit leiser Stimme zu sprechen. Er sah sein einziges Kind besorgt an. „Gina, hör mir gut zu. Was ich dir zu sagen habe, fällt mir nicht leicht. Ich spreche auch für deine Mutter. Du weißt um die Angriffe, denen Juden seit längerer Zeit ausgesetzt sind. Ich bin überzeugt, dass auch wir hier nicht mehr sicher sind, auch wenn Familien wie die unsere hier seit Generationen leben. Anfangs wollte ich nicht wahrhaben, dass die Nazis uns wirklich etwas antun würden, aber inzwischen sehe ich ein, dass wir den Kopf in den Sand gesteckt haben und der Wahrheit nicht ins Gesicht sehen wollten. Nun ist es schwierig, Papiere zu bekommen, um in ein anderes Land auszuwandern, aber wir werden es weiter versuchen. Glaube mir, wir haben die Hoffnung noch nicht aufgegeben.

Ich möchte dir eine Geschichte erzählen und wenn ich fertig bin, wirst du verstehen, warum ich das tue. Vielleicht erinnerst du dich, dass ich bis 1935, bevor die *Nürnberger Gesetze* in Kraft traten, einige Kurse an der medizinischen Fakultät der Breslauer Universität gegeben habe. Unter meinen Studierenden war ein junger Mann aus Wollnitz*, das ist eine kleine Stadt ungefähr 200 Kilometer von hier. Rudolf Müller war ein hervorragender Student, der aus einer armen Familie stammte. Er musste sehr kämpfen, um über die Runden zu kommen. Ich freundete mich mit ihm an und lud ihn ab und zu für eine Mahlzeit und ein gutes Gespräch zu uns nach Hause ein. Wenn er Geld brauchte, liehen wir ihm welches. Wir wussten, dass er ein ehrlicher, sensibler und sehr motivierter junger Mann war. Er wurde ein hervorragender Arzt und hätte sich in jedem Krankenhaus eine Stelle aussuchen können, aber er ging zurück nach Wollnitz, um sich dort niederzulassen und den Menschen in seiner Heimatstadt zu helfen. Rudolf Müller und ich hielten Kontakt und er meldet sich von Zeit zu Zeit bei mir. Neulich hat er mich heimlich besucht. Er wollte mir versichern, dass er alles in seiner Macht Stehende tun würde, um uns zu helfen, wenn es notwendig sein sollte. Gina, deine Mutter und ich haben beschlossen, dass du nach Wollnitz fahren und dort bei seiner Familie leben sollst. Er wird …" „Papa, was sagst du da? Du willst, dass ich irgendwo ohne euch lebe? Bei Fremden? Was soll das denn heißen?" Laut rief sie: „Das könnt ihr mir nicht antun!" Emily Wolf mischte sich ein: „Gina, Liebes, es besteht immer noch Hoffnung, dass wir gemeinsam ausreisen können. Aber wenn die Zeit kommt und wir merken, dass es besser für dich ist, dass du an einem sicheren Ort bleibst, bis dieser wahnsinnige Hitler verschwunden ist, musst du verstehen, dass es zu deinem eigenen Besten ist, wenn wir dich zu Familie Müller schicken. Glaubst du, das fällt uns leicht?" Gina fing zu weinen an. Der Plan ihrer Eltern überforderte sie. Wie sollte sie es schaffen, nicht nur von ihren Eltern, sondern auch von Elli getrennt zu leben? Woher sollte sie den Mut nehmen, alleine in eine andere Welt zu ziehen? Abends erinnerte sie ich vor dem Einschlafen an die Worte aus der Predigt von Rabbi Lewin an *Jom Kippur*. Er hatte die Stelle aus der Torah zitiert, als Gott zu Moses sprach „*leh leha* – gehe fort" und Abraham aufforderte, das Haus seines Vaters zu verlassen. „Wahrscheinlich ist für mich nun auch die Zeit gekommen, fortzugehen und das Haus meines Vaters zu verlassen. Ich hoffe, dass mein Leben, so wie das von Abraham, bedeutsam sein wird."

Sonntag, 13. November 1938

Elli wachte früh auf und begann wie gewohnt mit ihren morgendlichen Aufgaben. Beim Decken des Frühstückstisches konnte sie nur an eines denken: Heute würde sie endlich mit jemandem von der zionistischen Organisation sprechen, heute würde sie die Informationen erhalten, auf die sie so sehnsüchtig gewartet hatte. Punkt halb elf verließ sie die Wohnung und machte sich auf den kurzen Fußweg zum Büro der zionistischen Organisation. Sie kam ein wenig zu früh, vor ihr warteten noch zwei Personen. Elli betrachte die Poster aus *Erez Israel* an den Wänden. Ein Bild von der Klagemauer*, der Westmauer des Zweiten Tempels, hatte es ihr besonders angetan. Sie trat näher heran, um die Details zu betrachten. Sie war völlig in die Betrachtung der Pflanzen zwischen den großen rechteckigen Steinen vertieft, als sie eine Stimme hörte, die „Nummer zwölf" rief. Elli betrat das kleine Büro, wo sie von einer Frau mittleren Alters begrüßt wurde, die hinter dem Schreibtisch saß und sie lächelnd aufforderte, sich zu setzen. „Ich heiße Lea, wie heißt du?" „Ich heiße Elischeva Cohen", antwortete Elli schnell, „aber alle nennen mich Elli." „Na, dann, Elli! Verrätst du mir, was dich zu mir bringt?"

„Das ist eine lange Geschichte, die angefangen hat, als ich noch sehr klein war. Immer, wenn ich Geschichten über *Erez Israel* gehört oder hebräische Lieder gesungen habe, wusste ich, dass ich eines Tages dort leben wollte. Vor einiger Zeit haben meine Eltern eine Ausweisung erhalten und wir werden bald gezwungen sein, Deutschland zu verlassen, und ich hatte gehofft, dass wir mit der gesamten Familie nach *Erez Israel* auswandern würden. Aber Sie wissen ja, wie schwer es ist, ein Zertifikat für eine fünfköpfige Familie zu bekommen. Den Briten ist es egal, was uns hier droht, seitdem Hitler an die Macht gekommen ist. Jetzt haben meine Eltern die Möglichkeit, nach Amerika auszureisen, sie haben bereits eine Nummer. Aber wer weiß schon, wie lange sie noch warten müssen. Ich will aber nicht nach Amerika, auch wenn das bedeutet, dass ich mich für einige Zeit von meiner Familie trennen muss. Meine Eltern verstehen das und haben nichts dagegen, dass ich mich der *Alijah* anschließen will. Deshalb bin ich hier. Seitdem ich von der Jugend-*Alijah* gehört habe, scheint mir das die Erfüllung meiner Träume zu sein. Bitte erzählen Sie mir mehr darüber und welche Möglichkeiten es gibt, sich einer Gruppe anzuschließen." „Dann lass mich zuerst das Programm erklären, Elli. Das Ziel ist es, jungen Menschen zwischen fünfzehn und siebzehn die Ausreise nach *Erez Israel* zu ermöglichen. Als erstes müssen alle an einem vierwöchigen Vorbereitungslager teilnehmen und in einer Gruppe zusammenleben. Die eine Hälfte des Tages beschäftigt man sich mit jüdischen und zionistischen Themen und die andere Hälfte des Tages wird gearbeitet. Während der Zeit werden die Jugendlichen von den *Madrichim**, den Jugendleitern, beobachtet, um zu sehen, wie sie mit dem Leben in der Gruppe zurechtkommen, weg von zu Hause. Wenn sie geeignet sind, hängt alles Weitere davon ab, wie viele Zertifikate wir von der britischen Regierung bekommen. Dann überlegen wir, wo die Jugendlichen am besten hinein passen, in einen Kibbuz oder in eine Schule in der Stadt. Zwei Jahre lang werden sie von uns betreut. Wir kümmern uns um Schule, Unterbringung und alle anderen Notwendigkeiten. Danach sind sie auf sich allein gestellt. Wir unterstützen sie dabei, einen Ort in *Erez Israel* zu finden und bieten ihnen verschiedene Möglichkeiten an. Hilft dir das weiter, Elli?" Elli hatte Leas Ausführungen sehr aufmerksam gelauscht und antwortete begeistert: „Oh, ja, auf jeden Fall! Das ist genau das, was ich machen möchte. Kann ich mich gleich anmelden?" „Wie alt bist du denn, Elli? Wo bist du zur Schule gegangen?" „Jetzt bin ich noch nicht ganz fünfzehn, aber ich habe am 10. Januar Geburtstag und bin ab der ersten Klasse auf der jüdischen Schule gewesen und gehöre seitdem ich acht bin zu einer zionistischen Jugendgruppe!" Lächelnd und beeindruckt von diesem Enthusiasmus sah Lea Elli an. „Na, mal sehen, wenn du am 10. Januar fünfzehn wirst, dann füll doch dieses Formular aus und wir nehmen es schon mal zu den Unterlagen. Und du sagtest, dass deine Eltern einverstanden sind, dass du dich der Jugend-*Alijah* anschließt, richtig? Komm zurück, wenn du fünfzehn bist, und dann prüfen wir deine Bewerbung. Viel Glück, Elli, ich bin mir sicher, dass wir dir in der Zukunft helfen können." Elli war etwas enttäuscht, aber nicht entmutigt, und brauchte einen kleinen Moment, bevor sie ihre Stimme wiederfand. „Vielen Dank, dass Sie sich die Zeit genommen haben, mir das Vorgehen zu erklären. Jetzt habe ich auf jeden Fall alle Informationen, die ich brauche, und Sie bekommen meine Bewerbung, sobald ich das Formular ausgefüllt habe. Ich komme vorbei und bringe es Ihnen. Ich beeile mich. Vielen Dank und *Schalom*."

Elli verließ das Gebäude und ging langsam nach Hause. In ihrem Kopf spielte sie die Unterhaltung mit Lea noch einmal durch und fand, dass es keinen Grund gab, enttäuscht zu sein. Zwar hatte sie ihre Bewerbung noch nicht einreichen können, aber es war eine gute Unterhaltung gewesen, und das Einzige, was der Jugend-*Alijah* entgegenstand, war ihr Alter. „Zwei Monate vergehen wie im Flug", sagte sie sich. Nun musste sie ihren Eltern und ihren Geschwistern und vor allem ihrer besten

Freundin davon erzählen. Vielleicht konnte sie Gina überreden, mitzukommen?

Als sie die Wohnung betrat, sahen die Eltern Elli erwartungsvoll an. Sie war erleichtert, dass ihre Brüder gerade nicht im Zimmer waren. Ausführlich berichtete sie von ihrer Begegnung, wie freundlich Lea gewesen war und wie ermutigt Elli sich jetzt fühlte. „In nur zwei Monaten werde ich mich für die Jugend-*Alijah* bewerben können", schloss sie. Ihre Mutter sah sie liebevoll und besorgt an und fragte: „Bist du dir wirklich sicher, dass es das ist, was du machen möchtest? Bist du sicher, dass es dir nicht zu schwerfallen wird, dich von uns zu trennen?" „Es ist genau das, was ich machen will. Ich weiß, dass ich euch vermissen werde, aber meine größte Sorge ist, ob ihr und die Jungen rechtzeitig aus Deutschland herauskommt. Wo immer ihr sein werdet, wir werden uns schreiben, bis wir wieder beieinander sein können." Nachdem sie ihre Eltern umarmt hatte, ging sie zum Telefon, um Gina anzurufen. Sie verabredeten sich für den nächsten Morgen am Tor der Storch-Synagoge.

14. November 1938

Es war das erste Mal, dass die Freundinnen nach der Reichspogromnacht* in der Nähe der Synagoge waren. Das Eingangstor sah unverändert aus, aber sobald sie den großen Hof betraten, sahen sie Schutt und Müll vor der Synagoge liegen, wahrscheinlich Gebetsbücher, die die Nazis und ihre Helfer herausgeworfen hatten, als sie angerückt waren, um die Synagoge zu zerstören. Aus irgendeinem Grund war die Fassade jedoch genau wie die beiden Nebengebäude, in denen sich Büros und Wohnungen befanden, unversehrt geblieben. Sie gingen zum Büro im zweiten Stock des Gemeindezentrums, wo sie von Fanny, einer der

Büroangestellten, mit einem überraschten „Guten Morgen, wie kann ich euch helfen?" begrüßt wurden. Nach einer kurzen Vorstellung kam Gina gleich zur Sache. „Wie Sie wissen, gibt es keine Schule mehr, die wir besuchen könnten. Wir haben also viel Zeit und haben uns gefragt, ob wir uns vielleicht irgendwie nützlich machen könnten." „An was genau habt ihr da gedacht?" „Wir könnten beispielsweise Papiere einsortieren", schlug Gina vor. „Oder wenn Sie jemanden für Erledigungen brauchen, könnten wir das auch übernehmen", fügte Elli hinzu. Fanny sah die beiden Mädchen prüfend an und sagte: „Wenn ihr euch traut, quer durch die Stadt zu laufen, dann habe ich auf jeden Fall Verwendung für euch. Keine von euch sieht jüdisch aus und das ist heutzutage ein großer Vorteil. Einige unserer jungen Männer sind inhaftiert worden, ihr könntet daher wichtige Besorgungen für uns übernehmen, wenn ihr das wollt." „Natürlich machen wir das!", antworteten Elli und Gina im Chor. „Was genau sollen wir tun?" „Es gibt ein paar jüdische Familien, die wir mit Lebensmitteln unterstützen. Sie sind darauf angewiesen. Kommt morgen um 10 Uhr, dann könnt ihr die Pakete verteilen, die wir vorbereiten." Die Mädchen versprachen, am kommenden Tag zur genannten Zeit zur Stelle zu sein.

Als die beiden aus dem Hof der Storch-Synagoge heraustraten, fiel ihr Blick auf die gegenüberliegende Straßenseite, wo noch vor ein paar Tagen das berühmte Rabbinerseminar gestanden hatte. Jetzt waren nur Mauerreste und mehrere große Schutthaufen übrig. Elli stiegen Tränen in die Augen. „Schau, was diese Unmenschen getan haben! Das war ein so besonderer Ort. Hier haben Menschen studiert, um Lehrer oder Rabbis zu werden! Ich bin dort nach der Schule hingegangen, um Hebräisch in sephardischer* Aussprache zu lernen. Aber eigentlich nicht überraschend, dass die Nazis das getan haben, es war schließlich eine jüdische Einrichtung. Lass uns eine Runde spazierengehen, dann erzähle ich dir, was ich gestern herausbekommen habe."

Die Mädchen gingen schweigend nebeneinander her, bis sie zu einer allein stehenden Bank kamen, auf der sie trotz der kühlen Luft Platz nahmen. „Gina", sagte Elli leise und sah ihre Freundin eindringlich an, „bitte hör mir erst zu und dann stell' Fragen oder sag mir deine Meinung. Sonntagmorgen hatte ich einen Termin bei der zionistischen Organisation. Ich habe jetzt alle Informationen über die Jugend-*Alijah*, die ich brauchte. Erst muss ich an einem vierwöchigen Vorbereitungslager mit anderen Jugendlichen teilnehmen und wenn ich Glück habe, werde ich ausgewählt, um nach *Erez Israel* zu fahren. Aber mach dir keine Sorgen, ich fahre noch nicht gleich, ich muss erst fünfzehn sein, damit sie mich nehmen." Gina sah Elli überrascht und ängstlich an. „Das kann doch nicht dein Ernst sein, Elli. Du willst wirklich deine Familie verlassen und ganz alleine fortgehen? Wie kannst du überhaupt nur daran denken?" „Das ist sehr einfach, Gina. Wie kannst du immer noch so fragen, nach dem, was letzte Woche passiert ist? Nicht nur wurden Synagogen und jüdisches Eigentum zerstört, sondern man hat auch viele Männer ins Gefängnis gesteckt oder irgendwohin gebracht. Ich will nicht länger warten. Wer weiß, wer als nächstes dran ist? Meine Eltern werden bald ihre Papiere für die Vereinigten Staaten bekommen und in Sicherheit sein. Und dann werden sie irgendwann auch nach *Erez Israel* kommen. Das hoffe ich zumindest. Aus meiner Sicht ist es das Wichtigste, dass wir hier überhaupt rauskommen." „Oh, Elli", sagte Gina mit zitternder Stimme, „das sagen meine Eltern auch. Bitte verrate niemandem, was ich dir jetzt erzähle. Meine Eltern möchten, dass ich mich bei einer deutschen Familie verstecke. Sie haben noch keine Papiere, um auszureisen, und wollen sichergehen, dass ich in Sicherheit bin."

„Wenn du bereit bist, dich von deinen Eltern zu trennen, warum kommst du dann nicht mit? Wir könnten zusammen bleiben!"

„Das erlauben mir meine Eltern nicht. Sie sagen, dass es in *Erez Israel* nicht sicher sei. Die Araber wollen nicht, dass die Juden sich dort niederlassen, sie greifen die Juden an. Meine Eltern lieben *Erez Israel* auch, aber sie würden sich die ganze Zeit Sorgen um mich machen. Sie hoffen, dass sie vielleicht in Holland oder Belgien einen sicheren Ort finden, nicht zu weit von dort, wo ich sein werde. Ich habe Angst, ohne meine Eltern zu leben, ich habe Angst, fern von dir zu leben. Ich bin nicht so mutig wie du."

Elli begriff, dass der Versuch sinnlos sein würde, Gina von der Ausreise überzeugen zu wollen, vor allem weil ihre Eltern sich solche Sorgen wegen des Konflikts zwischen Juden und Arabern machten. Sie standen von der Bank auf und gingen schweigend nach Hause. Bevor sie sich trennten, erinnerte Elli Gina daran, dass sie sich am nächsten Morgen am jüdischen Gemeindebüro treffen würden.

Die folgenden Tage waren mit ehrenamtlicher Arbeit ausgefüllt. Elli und Gina lieferten Lebensmittelpakete aus. Das brachte sie in sehr entlegene Stadtteile. Es machte ihnen nichts aus, weite Strecken zu Fuß zu gehen, besonders, wenn sie Leute trafen, die dankbar für die Lebensmittel waren, die sie brachten. Es gab ein älteres Paar, das schon sehnsüchtig auf sie wartete, nicht nur auf das Essen, sondern auch auf den Besuch, und die sich freuten, dass sie Gelegenheit hatten, mit den jungen Mädchen zu plaudern. Dann die junge Frau mit den beiden kleinen Kindern, Rafi und Rina, die die Mädchen anbettelten, noch etwas zu bleiben und ihnen eine Geschichte zu erzählen. Das taten Elli und Gina mit Begeisterung und wechselten sich dabei ab, die Kinder zu unterhalten. Als Fanny im Büro von den Begegnungen der Mädchen hörte, strahlte sie vor Begeisterung. „Vielleicht seid ihr die Lösung für mein Problem. Ich hatte mehrere Anfragen von Eltern, besonders von Müttern, deren Männer von der SS* abgeholt worden sind, ob ich nicht eine Betreuung für ihre Kinder finden könne, damit sie ihre Arbeit machen und sich nach Auswanderungsmöglichkeiten umsehen können. Was denkt ihr, hättet ihr Lust, euch drei Mal die Woche für ein paar Stunden um die Kinder zu kümmern? Wie ihr wisst, stehen die Klassenräume ohnehin leer, seitdem kein Schulunterricht mehr stattfindet. Die Mädchen waren von der Idee genauso begeistert wie Fanny und stimmten aufgeregt zu. Gina sagte: „Ich hoffe, wir machen unsere Sache gut! Wie großartig!" „Ich wollte immer Lehrerin werden, das ist eine gute Übung für mich. Ich bin dabei!", rief Elli mit der ihr üblichen Begeisterung.

In den nächsten Tagen brachten die Mädchen Kinderbücher und Spielzeug von zu Hause mit, um ihre Schutzbefohlenen unterhalten zu können. Voller Vorfreude und etwas aufgeregt begrüßten sie acht Kinder. Gina hatte keine Geschwister und fragte sich, wie gut sie mit den Kindern klarkommen würde. Ihre Sorge war jedoch unbegründet. Intuitiv kam sie wunderbar mit kleinen Kindern zurecht und wusste, wie sie sich ihnen gegenüber verhalten musste. Elli wiederum hatte sich oft um ihren kleinen Bruder Max gekümmert und fühlte sich auf sicherem Terrain.

Außer am Schabbat gingen die beiden Freundinnen nun jeden Morgen zur jüdischen Gemeinde, um sich ihren Aufgaben zu widmen. Sonntag, Mittwoch und Freitag lieferten sie weiterhin Lebensmittel aus, Montag, Dienstag und Donnerstag betreuten sie drei Stunden lang die Kinder. Innerhalb kürzester Zeit hatten sie eine Verbindung zu ihnen aufgebaut und kannten ihre Vorlieben und Abneigungen. Sie hatten das Gefühl, dass sie etwas Sinnvolles taten und die Zeit verging wie im Flug. Elli und Gina sprachen nicht mehr darüber, Deutschland zu verlassen, es war, als ob die Probleme der Welt für sie plötzlich stillstünden. Ihr Leben hatte einen neuen Sinn bekommen. Anstatt in die Schule zu gehen, erwarben sie nun neue Fähigkeiten und erwiesen gleichzeitig der Gemeinschaft einen Dienst.

Neujahr 1939

Für die Jüdinnen und Juden in allen großen und kleinen Städten und Dörfern in Deutschland und Österreich war es ein weiterer Tag voller Kummer und Sorgen. Die dunkle Wolke aus Angst, Unsicherheit und düsteren Vorahnungen hing weiter über ihnen. Wo sollten sie hin, wo gab es noch Zufluchtsmöglichkeiten? Viele Menschen hatten ihre Arbeit verloren und die Familien zogen aus großen Wohnungen in kleinere, um die Miete weiter bezahlen zu können.

Nach Neujahr begann Elli, die Tage bis zu ihrem Geburtstag zu zählen. In früheren Jahren hatte sie sich Gedanken über Geburtstagswünsche und eine Feier gemacht. All das schien so weit weg. Wie aus einem anderen Leben! Dieses Jahr hatte Elli für ihren Geburtstag am 10. Januar nur eine Sache im Kopf: den Besuch im Büro der zionistischen Organisation!

Als Elli morgens aufstand, wurde sie von ihrer Familie mit *Masel tow**-Wünschen, Umarmungen und Küssen begrüßt. Direkt nach dem Frühstück machte sie sich auf den Weg, es war der bisher wichtigste Gang ihres Lebens! Zeitgleich mit Lea erreichte sie das Büro der zionistischen Organisation. Sie begrüßte sie: „*Schalom*, jetzt können Sie nicht mehr sagen, dass ich zu jung sei, um mich für die Jugend-*Alijah* zu melden. Heute ist mein 15. Geburtstag! Hier ist meine Bewerbung!" „Na, dann, *Masel tow*! Herzlichen Glückwunsch zum Geburtstag! Wir können gleich darüber sprechen. Ich brauche nur noch ein paar Minuten, um ungestört meine Telefonnachrichten durchzugehen." Elli verließ das Zimmer und ging ungeduldig auf dem Flur auf und ab, während sie wartete. Nach einer gefühlten Ewigkeit wurde die Tür geöffnet und Fanny bat sie ins Büro. „Elli, ich habe eine gute und eine schlechte Nachricht. Erst die schlechte: Unser vierwöchiges Vorbereitungslager hat bereits heute begonnen. Aber ich hatte einen Anruf von einer Mutter, deren Sohn hätte dabei sein sollen. Er ist krank geworden und kann nicht teilnehmen. Das ist natürlich sehr schade für den Jungen, bringt mich aber zu der guten Nachricht: Das ist deine Chance, wenn du dir wirklich sicher bist, dass du dich der Jugend-*Alijah* anschließen möchtest. Bist du dir sicher, dass deine Eltern ihr Einverständnis geben? Angenommen, dass sie ja sagen, wie schnell könntest du abreisebereit sein, um nach Hamburg zu fahren?" Zuerst sah Elli Lea mit großen Augen an ohne ein Wort zu sagen. Dann rief sie aufgeregt: „Lea, das ist das beste Geburtstagsgeschenk, dass ich in meinem ganzen Leben bekommen habe! Ob ich mir sicher bin? Natürlich bin ich mir sicher! Wann ich abfahrbereit sein kann? Wie wär's mit morgen? Bitte rufen Sie meine Eltern an. Sie werden Ihnen sagen, dass sie einverstanden sind!" Nach einem kurzen Telefonat mit Frau Cohen gab Lea Elli einen Zettel mit Erläuterungen für die Reise nach Hamburg, wo sie die Betreuerin treffen würde, die sie nach Blankenese bringen sollte, dem Ziel ihrer Reise. Überglücklich umarmte Elli Lea und rannte aus dem

Gebäude. Sie verlangsamte ihre Schritte erst, als sie zu Hause ankam.

Ellis Familie umringte sie zur Begrüßung und alle redeten durcheinander. „Wann fährst du ab?" „Wie lange wirst du weg sein?" „Reist du alleine?" Samuel und Rachel versuchten, für etwas Ruhe zu sorgen. „Beruhigt euch, Kinder, wir sollten jetzt Ellis Koffer packen. Komm, Elli, lass uns in dein Zimmer gehen. Lea sagte, dass du einen Zettel bekommen hast." Elli reichte ihn ihr und lief zum Telefon, um Gina anzurufen. „Gina, ich kann heute nicht ins jüdische Zentrum kommen, und morgen auch nicht und übermorgen auch nicht." „Wovon redest du, Elli? Ich brauche dich, die Kinder brauchen dich! Außerdem hast du heute Geburtstag, ich bringe einen Kuchen mit, den wir gemeinsam mit den Kindern …" „Gina", unterbrach Elli sie, „ich habe heute ein ganz wundervolles Geschenk bekommen. Ich fahre morgen zum Vorbereitungslager für die Jugend-*Alijah*, ich komme kurz vorbei, um mich von euch allen zu verabschieden, vor allem von dir!" Elli legte auf, lief zu ihrer Mutter und rief atemlos: „Mama, ich muss kurz mal weg ins Gemeindezentrum, mit Fanny reden und ihr erklären, warum ich nicht mehr kommen kann. Vor allem muss ich mich aber von den Kindern und von Gina verabschieden. Ich mache mir Sorgen um sie und wie sie ohne mich klarkommen wird. Ich verspreche, ich bleibe nicht lange. Bitte fang schon mal an, meine Sachen zu packen. Für vier Wochen werde ich nicht so viel brauchen." Elli griff nach ihrem Mantel und rannte aus der Tür.

Als sie im Klassenraum ankam, stand dort ein Kuchen mitten auf dem Tisch und darum herum lagen Bilder, die die Kinder gemalt hatten. Alle stimmten gemeinsam ein hebräisches Geburtstagslied an. Sobald sie fertig waren, wollten Fanny und Gina von

Elli wissen, wann sie abfahren würde und wann sie wiederkäme. Fanny gratulierte ihr zu diesem ersten Schritt, der es ihr erlauben würde, Deutschland zu verlassen. Gina drückte Elli mit Tränen in den Augen an sich. „Du verlässt mich also wirklich für vier Wochen? Und wie geht es danach weiter, Elli?" Behutsam nahm Elli Ginas Hand. „Gina, ich weiß, dass es traurig für dich ist, dass ich wegfahre, aber bitte versuch dich für mich zu freuen. Vielleicht ändern deine Eltern ihre Meinung ja noch, und du darfst doch mitfahren." Gina schüttelte den Kopf, umarmte Elli und schob sie aus der Tür.

Mittwoch, 11. Januar 1939

Es war früh am Morgen, ein klarer, kalter Wintertag. Die fünf Mitglieder der Familie Cohen waren am Hauptbahnhof versammelt und warteten auf den Zug nach Berlin. Dort sollte Elli in den Zug nach Hamburg umsteigen. Sie unterhielten sich, bis die Lokomotive in Sicht kam. Elli nahm ihren Rucksack und den Koffer und umarmte ihre Eltern und Geschwister. „Ich verspreche, ich werde schreiben, ich verspreche, dass ihr stolz auf mich sein werdet. Passt gut auf euch auf. Ich hoffe, dass ihr auch gute Nachrichten für mich haben werdet. Ich liebe euch!" Der Zug hielt und Elli stürmte die Stufen hinauf, um sich einen Fensterplatz zu sichern. Dort angekommen winkte sie, bis sie ihre Familie nicht mehr sah. Sie wischte sich die Tränen aus den Augenwinkeln, fest entschlossen, nicht zu weinen. Dann sah sie sich um, ob sie vielleicht andere Jugendliche entdeckte, die dasselbe Ziel hatten, aber dann fiel ihr ein, dass das Vorbereitungslager bereits gestern begonnen hatte. Sie schloss die Augen und versuchte sich vorzustellen, was sie wohl erwarten würde. Dann nahm sie das nagelneue Tagebuch aus ihrem Rucksack und begann zu schreiben:

Es ist das erste Mal, dass ich alleine reise, in eine neue Zukunft. In Blankenese werde ich 29 junge Leute treffen, die ich noch nie im Leben gesehen habe und die Madrichim, die Betreuer. Wie werde ich zurechtkommen? Werde ich mich gut einfügen? Ich werde alles tun, um mich in die Gruppe einzufinden, vielleicht entscheiden diese nächsten Wochen für mich über Leben oder Tod! Ich bin fest entschlossen, meine Sache gut zu machen, auch wenn ich momentan noch nicht weiß, was von mir erwartet wird. Werde ich meine Familie vermissen? Ich weiß, dass sie mir fehlen werden, aber ich muss lernen, damit zu leben. Denn wenn ich Glück habe und für die Jugend-Alijah ausgewählt werde, dann wird die Trennung wesentlich länger sein. Ich mache mir Sorgen um Gina, wie wird sie damit umgehen, wenn der Tag kommt, an dem sie alleine sein wird?

Bevor Elli Berlin erreichte, aß sie die Brote, die ihre Mutter ihr gemacht hatte. Als der Zug in den Bahnhof fuhr, nahm sie ihr Gepäck und suchte den Zug nach Hamburg. „Wie lange dauert es bis Hamburg?", fragte sie einen Schaffner. „Zwei Stunden." Als der Zug hielt, stieg Elli ohne Eile ein. Diesmal war es ihr egal, ob sie einen Fensterplatz bekam oder nicht, winken würde sie sowieso niemandem. Sie fragte sich, wo sie die Frau, die sie abholen sollte, treffen und wie sie sie erkennen würde, aber ihre Sorge war unbegründet. Kaum war sie mit ihrem Gepäck aus dem Zug gestiegen, kam eine junge Frau auf sie zu und begrüßte sie herzlich: „*Schalom*, du musst Elli sein. Ich heiße Edna, komm, das Auto steht draußen vor dem Bahnhof." Nach einer halben

Stunde Fahrt erreichten sie ihr Ziel. Vor ihnen lag ein großes Gebäude, daneben sah man im Dunkeln ein paar kleine Hütten und die Umrisse von zwei Gewächshäusern. Edna nahm das Gepäck und zeigte Elli als erstes einen großen Raum, der als Vortrags- und Speisesaal genutzt wurde. „Du bist sicher müde und hungrig. Komm, ich zeig dir dein Bett, dann kannst du dich vor dem Abendessen noch ein paar Minuten ausruhen." Sie betraten eines der Zimmer, wo Elli Susanne und Dina kennenlernte, die beiden Mädchen, mit denen sie sich das Zimmer teilen würde. Sie machten einen sehr netten Eindruck und Elli fühlte sich sofort wohl. Zehn Minuten später gingen die drei Mädchen zu dem großen Raum hinüber, wo die Tische für das Abendessen gedeckt waren. Um den Tisch saß eine Gruppe von Mädchen und Jungen, die sich unterhielten und herumalberten. Am Tischende erblickte Elli einen großen, jungen Mann, der sie aufmerksam ansah. Er unterbrach die Jugendlichen: *„Scheket*, chaverim*, ich möchte euch unser neuestes Gruppenmitglied vorstellen. Das ist Elli Cohen, die heute zu uns stößt. Ich weiß, dass sie normalerweise immer pünktlich ist, aber diesmal ging das nicht. Sie ist kurzfristig für einen Kandidaten eingesprungen, der leider krank geworden ist. Willkommen! Ich bin mir sicher, dass du dich schnell einfinden wirst. Ich heiße übrigens Ido." Für Elli war es etwas völlig Neues, mit einer Gruppe von Jugendlichen zu essen, anstatt mit ihrer Familie am Abendbrottisch zu sitzen. Aber sie fühlte sich wohl und schaltete sich schnell in die Unterhaltungen ein. Nach dem Essen wurden die Aktivitäten für den kommenden Tag angekündigt. Elli war sehr müde und dankbar, als sie endlich ins Bett gehen konnte. Nachdem sie noch einen kurzen Blick auf den Wochenplan geworfen hatte, schlief sie sofort ein. Die Tage waren sehr voll und ließen nicht viel Raum für Freizeit.

Morgens gab es Unterricht: Hebräisch für Anfänger und Fortgeschrittene, jüdische Geschichte, Torah-Unterricht, Mittagspause. Von zwei bis vier Arbeit im Gewächshaus oder bei den Hühnern, von vier bis fünf Geschichte der zionistischen Bewegung. Außerdem hatten die Jugendlichen tagsüber und abends zu verschiedenen Zeiten Küchendienst. Nach dem Abendessen kam man zusammen und sang hebräische Lieder, alte und ganz neue aus *Erez Israel,* und tauschte sich über aktuelle Ereignisse aus.

Im Gewächshaus hatten die Jugendlichen Gelegenheit, theoretisch und praktisch die Grundlagen der Landwirtschaft und der Hühneraufzucht zu lernen. Sie zeichneten Pflanzen und Blumen, was vor allem denjenigen mit künstlerischer Begabung gefiel. Elli machte die Arbeit mit Pflanzen Spaß und sie konnte sich so eine Tätigkeit auf jeden Fall vorstellen, wenn sie in *Erez Israel* ankommen würde. Sie schwor sich aber, ihren Traum, Lehrerin zu werden, nicht aufzugeben.

Es herrschte solch ein Gemeinschaftsgefühl unter den Jugendlichen, dass Elli gar keine Zeit für Heimweh hatte. Sie lernte die anderen Jugendlichen im Unterricht, beim Essen und bei der Arbeit kennen und war begeistert, wie einfach es war, neue Freunde zu finden. Vor dem Schlafen dachte sie darüber nach und versuchte zu verstehen, warum es ihr so leicht fiel, einen Draht zu Menschen zu finden, die sie doch erst vor wenigen Tagen kennengelernt hatte. Manchmal bekam sie Angst, dass sie ihre älteste und beste Freundin Gina vergessen würde. Schließlich verstand Elli den Unterschied zwischen Gina und ihren neuen Freunden: Seit sie klein war, verband sie mit Gina ein ganzes Leben voller Alltagserlebnisse, sie hatten aber nicht dieselben Ziele für die Zukunft. Hier im Vorbereitungslager teilten alle

Jugendlichen Ellis Zukunftspläne, sie alle wollten in *Erez Israel* leben, ihr gemeinsamer Traum war es, eine Heimstätte für das jüdische Volk aufzubauen.

Schabbat war Ellis Lieblingstag, er begann am Freitagabend. Alle Jugendlichen trugen weiße Oberteile und dunkle Hosen und versammelten sich für einen kurzen Gottesdienst. Das gemeinsame Singen wirkte inspirierend und verband die Gruppe noch enger miteinander.

Am Nachmittag des Schabbats traf sich die Gruppe zu Diskussionen und persönlichem Erfahrungsaustausch. Wenn die Sonne unterging, kündigten die Sterne am dunklen Himmel das Ende des Schabbats an, der mit dem *Hawdalah**-Segen beschlossen wurde. Dann traf sich die Gruppe wieder zum Singen und Tanzen. Die Jugendlichen waren ausgelassen. Hitlers angsteinflößende Stimme und die Außenwelt, die die Existenz der jungen Menschen bedrohte, waren weit entfernt.

Gleich am ersten Tag schrieb Elli an ihre Eltern und Gina. Die Antworten, die sie über die nächsten Wochen erhielt, ließen vermuten, dass es allen gut ging. Bei Ginas Briefen bekam Elli ein schlechtes Gewissen, weil sie selbst so völlig vertieft in die Vorbereitungen für ihr neues Leben war. „Werde ich Gina vergessen?", fragte sie sich. Die Antwort war ein klares „Nein", aber sie fühlte sich trotzdem schuldig, weil sie ihre beste Freundin nicht hatte überzeugen können, sich ihr anzuschließen. Sie hatte ein schlechtes Gewissen, wenn sie von neuen Maßnahmen gegen Juden hörte, oder dass ein Land nach dem anderen sich weigerte, größere Zahlen jüdischer Flüchtlinge aufzunehmen. Trotz all dieser dunklen Momente war Elli aber so in das Alltagsleben der Gruppe eingebunden – lernen, arbeiten, anderen helfen –, dass sie gar nicht glauben konnte, dass schon drei Wochen vergangen waren. Nur eins machte ihr Sorgen: Seitdem sie hier war, hatte sie ihren Eltern und Gina zwei Mal in der Woche geschrieben. Ihre Eltern antworteten ihr regelmäßig, aber Gina hatte nur in den ersten anderthalb Wochen zurück geschrieben und seitdem – nichts. Besorgt bat Elli ihre Eltern schließlich, bei Familie Wolf anzurufen und sich nach Gina zu erkundigen. Die Antwort bereitete ihr jedoch noch mehr Sorgen. Ihre Eltern schrieben, dass niemand ans Telefon ginge, obwohl sie es mehrfach versucht hätten. Vielleicht hatte die Familie verreisen müssen, vermuteten sie. Elli war verwirrt, wurde aber schon bald wieder vom Alltag im Vorbereitungslager mitgerissen. Sie merkte immer mehr, wie wohl sie sich in der Gemeinschaft fühlte, und wie sicher sie war, dass sie die richtige Entscheidung getroffen hatte: *Erez Israel* war genau das Richtige für sie! Sie hoffte so sehr, unter denjenigen zu sein, die man auswählte, um Deutschland zu verlassen. Im Stillen verglich sie sich mit dem Rest der Gruppe. Elli wusste, dass ihre Kenntnisse in Hebräisch und in jüdischer und zionistischer Geschichte besser waren als die vieler anderer. Ihr war jedoch auch klar, dass es noch andere Dinge gab, die beurteilt wurden, zum Beispiel wie dringend jemand das Land verlassen musste. Die „Ausweisung", die ihre Eltern erhalten hatten, konnte ihr nun helfen. Jahrelang hatte dieses Dokument wie ein Damoklesschwert über ihren Köpfen gehangen. Es war ein Wunder, dass ihre Aufenthaltserlaubnis bisher immer wieder verlängert worden war.

Die letzte Woche des Vorbereitungslagers rückte näher, und die Spannung stieg. Alle wussten, dass bald entschieden werden würde, wer ausgewählt und in naher Zukunft nach *Erez Israel* reisen würde, und wer noch warten musste.

Donnerstagnachmittag kamen zwei Vertreter vom Zentralbüro der zionistischen Bewegung aus Berlin, um sich mit den Jugendlichen zu unterhalten, sie zu beobachten und die Berichte zu lesen, die die beiden *Madrichim*, Edna und Ido, verfasst hatten. Am Freitagmorgen nach dem Frühstück fand eine Versammlung statt. Avner und Dov, die beiden Vertreter aus Berlin, wandten sich an die jungen Leute. Avner sprach zuerst: „*Chaverim*, Freunde, es ist eine Ehre, hier zu sein, und eine so tolle Gruppe kennenzulernen. Man sieht sofort, dass ihr mit Begeisterung dabei seid, bei Arbeit und Studium, und dass es euch ernst ist mit eurem Ziel, euch der *Alijah* anzuschließen. Wir wollen alles tun, damit ihr euer Ziel so schnell wie möglich erreicht. Wie ihr wisst, bedeutet das, dass ihr eure Familien und Geschwister verlassen müsst – und nicht nur für vier Wochen. Fragt euch, ob ihr für diesen großen Schritt wirklich bereit seid, ob ihr die Trennung verkraften werdet. Angesichts der bedrohlichen Wolken, die über uns hängen, wird es vielleicht Zeiten geben, in denen ihr keine Briefe von euren Lieben bekommen und nicht wissen werdet, wo sie gerade sind. Nehmt euch also Zeit, noch einmal darüber nachzudenken: Seid ihr dafür bereit? Dov macht jetzt weiter und erklärt den Auswahlprozess noch einmal ausführlicher." Dov ergriff das Wort und sah die eifrigen Jugendlichen an, aus deren Augen Vertrauen und Erwartung sprach. Seine Botschaft war kompliziert, denn er versuchte, ihnen die politischen Hintergründe zu erklären, die dafür verantwortlich waren, dass sie nicht alle gleichzeitig ausreisen konnten.

Er räusperte sich und sagte: „Wie ihr wisst, hat unser Volk immer davon geträumt, in das Land zurückzukehren, dass die Welt ‚Palästina' nennt und das wir als *Erez Israel* kennen. Die zionistische Idee ist nicht neu, aber erst Theodor Herzl* gelang es, daraus eine Bewegung zu machen. Mit der *Balfour*-Deklaration* 1917 versprachen die Briten uns eine Heimstätte für das jüdische Volk und 1920 erhielt Großbritannien das Völkerrechtsmandat für Palästina. Leider sind die Araber dagegen, dass wir uns dort niederlassen, und das führt zu Angriffen und Unruhe. Aus diesem Grund beschränken die Briten oft die Anzahl der Zertifikate, mit denen sie uns die Einreise erlauben. Zwar weiß die ganze Welt, was für eine Gefahr uns von Hitler droht, aber uns sind die Hände gebunden. Also glaubt uns bitte, dass wir nichts lieber tun würden, als euch alle auf einmal nach *Erez Israel* ausreisen zu lassen. Wir versprechen euch, dass wir unser Möglichstes tun werden, um euch alle aus Deutschland herauszuholen. Und noch eine wichtige Frage: Wer von euch hat einen gültigen Pass?" Acht Jugendliche hoben die Hand, eine davon war Elli. Damit war das Treffen zu Ende, die Jugendlichen standen in Grüppchen zusammen und diskutierten über ihre Aussichten. Elli rannte eilig in ihr Zimmer, holte den Pass aus der Tasche und lief zurück, um mit Dov zu sprechen. Er wurde von einer Gruppe Jugendlicher umringt, die ihm Fragen stellten. Endlich war sie an der Reihe. Sie drückte ihm ihren Pass in die Hand und sagte schnell: „Schon seit 1933 hat meine Familie immer wieder eine Ausweisung erhalten. Zum Glück wurde unsere Aufenthaltsgenehmigung schließlich doch immer wieder verlängert. Aber jetzt ist es dringender als je zuvor, dass ich Deutschland verlasse. Meine Eltern werden wahrscheinlich bald nach Amerika ausreisen, aber sie sind einverstanden, dass ich mich der Jugend-*Alijah* anschließe. Bitte, bitte, nehmen Sie meinen Pass!" Dov musste über Ellis Eifer lächeln, er nahm ihren Pass und sagte: „Wir werden sehen, was wir tun können. Nun ist es Zeit, dass wir uns auf den Schabbat vorbereiten."

11. Februar 1939

Am letzten Schabbat im Vorbereitungslager war die Freude etwas getrübt. Während der vergangenen vier Wochen waren die Jugendlichen als Gruppe zusammengewachsen und es waren Freundschaften entstanden. Nachdem der Schabbat zu Ende war, tauschten sie ihre Adressen, Telefonnummern und Fotos aus. Sie versprachen sich, Kontakt zu halten und sich wiederzutreffen. Ihr größter Wunsch war es, zusammen ausreisen und in *Erez Israel* am selben Ort leben zu können. Ihnen war aber völlig klar, dass das nur ein Traum war. Es war erstaunlich, wie sehr die Jugendlichen die schreckliche Realität der Außenwelt und Hitlers Pläne, die direkten Einfluss auf ihr Leben hatten, ausblenden konnten. Als sie am Sonntagmorgen abfuhren, waren sie erwachsener geworden und blickten gestärkt und optimistisch in die Zukunft.

Nachdem die Jugendlichen abgereist waren, saßen Edna und Ido mit Avner und Dov zusammen und mussten ihrer großen Verantwortung gerecht werden. Eine extrem schwierige Aufgabe. Sie sollten entscheiden, wer von den dreißig jungen Menschen Deutschland zuerst verlassen, und wer noch würde warten müssen. Sie nahmen sich Zeit, um über jeden Jugendlichen einzeln zu sprechen. Die Auswahl fiel ihnen nicht leicht, und sie wogen sehr sorgfältig ab. Sie wussten genau, welche Folgen ihre Entscheidung für einige der Jugendlichen haben könnte. Trotzdem musste sie getroffen werden.

***

14. Januar 1939

Meine Eltern haben mir dieses Tagebuch zu meinem letzten Geburtstag geschenkt als ich 15 geworden bin. Bisher wollte ich nie hinein schreiben, ich konnte mich immer an Elli wenden, wenn ich ein Problem oder eine Frage hatte. Vor drei Tagen ist Elli nun ins Vorbereitungslager gefahren und wird dann vielleicht wirklich nach Erez Israel reisen. Jetzt kann ich nur darauf hoffen, einen Brief von ihr zu erhalten. Ich frage mich, ob sie überhaupt Zeit haben wird, zu schreiben, und ob sie daran denken wird, sich bei mir zu melden. Ich wünschte, meine Eltern hätten mir erlaubt, mich ihr anzuschließen. Aber ehrlich gesagt, ob ich mit ihr dorthin gefahren wäre, selbst wenn sie es mir erlaubt hätten? Ich weiß nur, dass sie mir fehlt.

16. Januar 1939

Gestern kam der erste Brief von Elli an! Sie schreibt, wie aufregend das Lager ist, und wie nett alle sind. All die Aktivitäten, die sie haben, sind umwerfend, während sich meine darauf beschränken, mit den Kindern im Gemeindezentrum zu spielen. Aber ich will mich nicht beschweren, ich mag die Kinder. Und wahrscheinlich würde ich das Haus nicht verlassen, wenn ich sie nicht hätte. Ich hasse es, alleine unterwegs zu sein, auch wenn mich persönlich niemand belästigt. Aber es macht mir Angst, wenn die Nazis in ihren Uniformen herum marschieren. Seitdem Elli nicht mehr da ist, spreche ich nur noch mit den Menschen im Gemeindezentrum oder den Eltern der Kinder. Sie wollen wissen, wie ihre Kinder sich tagsüber benehmen und was sie gelernt haben. Sie scheinen sehr zufrieden zu sein.

17. Januar 1939

Gestern habe ich an Elli geschrieben. Mir war nicht klar, dass das der letzte Brief sein würde, den ich für einige Zeit

würde schreiben können. Gestern Abend hatte ich ein langes
Gespräch mit meinen Eltern. Sie sagten mir, dass es so weit
sei und wir getrennter Wege gehen müssten! Ich kann immer
noch nicht glauben, dass wir nicht zusammen sein werden,
dass sie wirklich an ihrem Plan festhalten. Ich weiß aber,
dass es ihnen auch schwerfällt. Morgen soll ich mit dem Zug
nach Wollnitz fahren, wo „Onkel Rudolf" und seine Familie
mich erwarten! Werde ich erfahren, wie es meinen Eltern
ergeht? Sie werden mir nicht schreiben können. Werden sie
wissen, wie es mir geht? Ich kann ihnen nicht schreiben. Ich
bete zu Gott, dass er mir Kraft gibt, um das durchzustehen.
Ich darf nie vergessen, dass mein Name jetzt Ilse Müller
und nicht mehr Regina Wolf ist. Ich bin Onkel Rudolfs
Nichte. Elli, wo auch immer es dich hin verschlägt – wir wer-
den, wir müssen uns wiedersehen!

***

Samstag, 21. Januar 1939

Gina wachte früh auf und sah als erstes den Koffer, den ihre Mutter für sie gepackt hatte. Auch ein paar Bücher hatte sie ausgewählt, neutrale Themen, die keinen Rückschluss auf Ginas bis-
herige Identität zuließen. Die Familie frühstückte rasch und
machte sich dann auf den Weg zum Bahnhof. Ohne Aufmerksamkeit zu erregen, erreichten sie den Bahnsteig bevor die morgendlichen Pendler kamen. Solange sie konnte, hielt Gina die
Hände ihrer Eltern fest umklammert. Sobald der Zug in der
Ferne zu hören war, ließ sie sie aber los, griff nach dem Koffer
und ging ohne sich umzudrehen auf den Zug zu. „Keine Umar-
mung, kein Kuss", sagte sie zu sich selbst. „Ich bin jetzt Ilse Müller, die auf dem Weg zu ihrem Onkel und seiner Familie ist.

Dieses jüdisch aussehende Paar dort drüben kenne ich nicht." In diesem Moment hörte Regina Wolf auf zu existieren.

***

Am nächsten Morgen verließen Dr. Wolf und seine Frau Emily mit zwei großen Koffern das Haus. Sie machten sich auf den Weg nach Holland und hofften, dass sie dort würden bleiben können, bis die Situation in Deutschland sich wieder zum Besseren gewendet hatte.

Freitag, 27. Januar 1939

Eva, das Hausmädchen der Familie Wolf, kam zwei Mal in der Woche, um die Wohnung sauber zu machen. Wie immer öffnete sie die Tür mit dem Schlüssel, den ihr Frau Wolf vor vielen Jahren gegeben hatte. Sie war überrascht, dass niemand sie begrüßte und die Wohnung so still war. Wie immer ging sie als erstes in die Küche. Auf dem Tisch lag ein großer Briefumschlag, auf dem ihr Name stand. Sie hatte bereits eine Vorahnung, als sie ihn öffnete. Zweihundert Mark fielen heraus. Sie las den Brief:

Liebe Eva, Sie waren all die Jahre wie ein Familienmitglied für uns. Es hat sich so viel verändert, dafür können Sie nichts. Wir können nicht länger in Deutschland bleiben, wo wir unerwünscht sind. So Gott will, wird die Situation sich irgendwann ändern, und wir werden nach Hause zurückkehren, zusammen mit unserer geliebten Regina. Bitte sehen Sie nach der Wohnung, solange Sie können. Wir wünschen Ihnen gute Gesundheit und ein langes Leben.

Walter und Emily Wolf

Kapitel 7

Am 12. Februar 1939 fuhr Elli zurück nach Breslau und wurde von ihrer Familie freudig empfangen. Sie umringten sie, bestürmten sie mit Fragen und wollten alles ganz genau wissen. Elli antwortete geduldig, hob sich die wichtigste Nachricht aber bis zum Schluss auf. „Ihr werdet sehen, ich werde die Unterlagen bald bekommen." „Wie kannst du dir da so sicher sein?", wollte ihr Vater wissen. Elli erzählte, wie sie Dov ihren Pass gegeben und ihn angefleht hatte, sie angesichts der drohenden Ausweisung ihrer Familie in die erste Gruppe der Ausreisenden aufzunehmen. Dann wurde ihr Gesicht plötzlich ernst. „Sagt mal, habt ihr was von Gina gehört, oder von ihren Eltern?" Ihre Mutter antwortete traurig: „Elli, nachdem wir telefonisch keinen erreicht haben, sind wir ein paar Mal an der Wohnung vorbeigegangen. Es sah aus, als ob sie nicht zu Hause wären. Die Vorhänge waren immer zu. Ich fürchte, sie sind weggefahren, ohne sich zu verabschieden, und haben niemandem von ihren Plänen erzählt." Elli wurde auf einmal sehr still, drehte sich um und ging in ihr Zimmer. Sie schloss die Tür und fing an zu weinen. Ihr war klar, dass die Familie Wolf den Plan, von dem Gina ihr unter dem Siegel der Verschwiegenheit erzählt hatte, nun wirklich umgesetzt hatte. Gina – ihre beste Freundin – hatte aufgehört zu existieren. Sie konnte ihre Freude nicht länger mit ihr teilen, sie nicht mehr trösten, durfte auch nicht darauf hoffen, ein Lebenszeichen von ihr zu erhalten – zumindest nicht in naher Zukunft.

Am nächsten Tag ging Elli zum Gemeindezentrum, aber auch dort wusste niemand etwas. Gina war einfach nicht mehr aufgetaucht. Elli bot an, zu helfen, solange sie auf ihre Papiere wartete. Sie war sich so sicher, dass es klappen würde. Glücklicherweise spannte man sie nicht zu lange auf die Folter. Am 20. Februar wurde per Kurier in aller Frühe ein großer, brauner Umschlag zugestellt. Aufgeregt versammelte sich Familie Cohen um den Tisch und Samuel blätterte die Unterlagen Seite für Seite durch. Am wichtigsten war das Abreisedatum: Am 27. Februar sollte Elli sich auf den Weg nach Berlin machen. Dort würde sie am Bahnhof eine Gruppe von Jugendlichen treffen, mit ihnen gemeinsam nach Triest reisen und dort an Bord eines Schiffes gehen, das sie nach Palästina bringen sollte. Elli lachte und tanzte und rief „Ich hab's gewusst, ich hab's gewusst!" Ihr Vater unterbrach sie: „Jetzt beruhig dich, und lass uns auch den Rest lesen!" Dem Brief lag eine Liste bei, auf der verzeichnet war, was sie alles mitbringen sollte, Sommer- und Winterkleidung, Hefte und Bücher, einen aktuellen Gesundheitsnachweis vom Arzt, dann ein Formular, das Ellis Eltern unterschreiben mussten, und eine Kontoverbindung für das Schulgeld der Schule, die Elli in *Erez Israel* besuchen würde. Dazu noch Anweisungen, wie all die Sachen in eine Kiste zu verpacken und an den Hafen in Haifa zu verschiffen seien.

Die nächsten Tage waren hektisch, sie rannten von Geschäft zu Geschäft, um die Sachen zu kaufen, die auf Ellis Liste standen. Mitten in die Aufregung platzte die lang ersehnte Einreisebewilligung für die Vereinigten Staaten. Samuel und Rachel Cohen buchten vier Plätze auf einem Schiff, das sie am 14. März Richtung Amerika bringen sollte.

Am 27. Februar stand Familie Cohen, wie schon Anfang Januar, erneut am Breslauer Hauptbahnhof. Leo trug den großen Koffer, während Max Elli mit ihrem Rucksack helfen wollte. Kurz darauf fuhr der Zug unter lautem Getöse ein und kam quietschend und qualmend zum Stehen. Elli griff nach ihrem Rucksack und rannte auf den Zug zu. Sie stieg die Stufen hinauf und stellte ihren Rucksack auf einen Fensterplatz, dann lief sie schnell zu ihrer Familie zurück. Sie umarmte alle nacheinander und erinnerte ihre Eltern an das Versprechen, dass sie so bald wie möglich zu ihr nach *Erez Israel* kommen würden. Sie nahm ihren Koffer und sagte: „Macht euch keine Sorgen, ich werde gut zurechtkommen. Habt eine gute Überfahrt nach Amerika und lernt schnell Englisch." Dann drehte sie sich um und lief rasch zu ihrem Fensterplatz im Zug, weil sie nicht wollte, dass sie sie weinen sahen. Tränen strömten ihr über die Wangen und sie winkte und warf ihrer Familie Kusshände zu, solange sie sie sehen konnte. Langsam nahm der Zug Fahrt auf, die Menschen am Bahnsteig wurden kleiner, waren nur noch undeutlich zu erkennen und verschwanden schließlich ganz.

Als Elli in Berlin ankam, traf sie dort die anderen Jugendlichen und sie stiegen gemeinsam in den Zug, der sie nach Triest bringen sollte. Anfangs musterten sie sich verstohlen, fingen dann aber schnell an, sich zu unterhalten. Einige standen von ihren Sitzen auf und gingen umher. Elli traf auch drei Jugendliche aus ihrem Vorbereitungslager wieder. Sie wussten, dass sie alle ein gemeinsames Ziel hatten: *Erez Israel!* Bald waren sie so in ihre Gespräche vertieft, dass sie ganz vergaßen, dass sie sich erst vor ein paar Stunden von ihren Familien verabschiedet hatten. Sie redeten über die Zukunft, die Hoffnung auf das Unbekannte. Als sie Triest erreichten, waren sie wie alte Freunde. Jonathan, ein Verantwortlicher der zionistischen Organisation, begrüßte sie am Bahnhof und fuhr mit ihnen im Bus zur Unterkunft. Im Erdgeschoß befand sich eine Kantine, wo sich die Gruppe zum Abendessen versammelte. Dort trafen sie zwölf

weitere Jugendliche, die sich ihnen für die Überfahrt anschließen würden. Nach dem Essen wandte sich Jonathan an die
Gruppe: „*Schalom, chaverim*", morgen früh werden wir an Bord
eines Schiffes gehen, das uns zu unserem Ziel bringt: *Erez Israel!*
Ich bin auf dieser Reise euer Betreuer und begleite euch bis zu
unserem Zielhafen – Haifa! Wir haben Glück, dass wir den Hafen
Triest immer noch zur Ausreise nutzen können. Leider greift der
Antisemitismus* von Deutschland auf Italien über und verstärkt
den Antisemitismus, den es hier sowieso schon gibt. Bitte geht
morgen möglichst ruhig und unauffällig an Bord. Wir wollen,
dass dieser Weg in die Freiheit zukünftig auch noch anderen
Gruppen offen steht. Geht früh zu Bett und nehmt eine gute
Mütze Schlaf, wir treffen uns morgen um 6 Uhr mit Gepäck zur
Abfahrt." Die Schiffsreise war wie ein unwirklicher Traum, der
wahr wurde. Die meisten Jugendlichen waren zum ersten Mal
auf einem Schiff und niemand von ihnen hatte je das Mittelmeer
überquert. Sie würden fünf Tage unterwegs sein und nutzten die
Zeit, um sich kennenzulernen, Hebräisch zu üben, Lieder zu singen und sich ihre Zukunft auszumalen. Es war eine sehr inten-
sive Zeit, sodass Elli sogar vergaß, ihren Eltern zu schreiben und
auch nicht an Gina dachte. Am fünften Tag standen alle an Deck
und strengten ihre Augen an, um möglichst als erste die Umrisse
von Haifa zu entdecken. Als die Stadt langsam unter strahlend
blauem Himmel in Sicht kam – die Häuser sahen wie Punkte am
Berghang des Karmelgebirges aus –, kannte die Begeisterung
keine Grenzen. Eine Stunde später erreichten sie endlich das
Festland. Als sie mit ihren Koffern über eine Planke von Bord
gingen, sangen sie dabei „*Hatikwa*", die Hymne der zionistischen Bewegung. Sie waren in ihrer Heimat angekommen!

Elli stieg in einen Bus, der sie zur Mädchenschule *Beit Zeirot Misrachi** in Jerusalem bringen sollte – die Stadt, von der Elli geträumt hatte, seit sie ein kleines Mädchen war. Hier würde sie in den nächsten zwei Jahren zu Hause sein.

Kapitel 8

Gina – die jetzt Ilse Müller hieß – saß im Zug und betrachtete die vorbeiziehende Landschaft: Äcker und Wiesen, auf denen Kühe grasten, grüner Wald, dazwischen große Bauernhöfe. Ilse sah nervös auf die Uhr, sie war seit zwei Stunden unterwegs. In zehn Minuten sollte sie in Wollnitz ankommen, wo ihr neuer Onkel Rudolf auf sie wartete. Wie er wohl sein würde? Und seine Familie? All die neuen Menschen, die sie treffen würde. Ob es ihr gelänge, immer an ihre neue Identität zu denken? Der Zug fuhr in den Bahnhof ein und hielt am Bahnsteig. Als die Türen sich öffneten, griff Ilse nach den beiden Koffern und dem Rucksack und stieg aus dem Zug. Sofort kam ein großer, schlanker Mann um die vierzig auf sie zu. Ilse bemerkte, dass er ein wenig hinkte. „Hallo, meine liebe Ilse. Wie schön, dich zu sehen! Ich hätte dich fast nicht wieder erkannt, so bist du gewachsen. Komm, lass mich dein Gepäck nehmen. Ich habe dort drüben geparkt." Schweigend folgte Ilse Onkel Rudolf zum Auto. Nachdem die Koffer verstaut waren, fuhren sie los. Onkel Rudolf erklärte: „Ilse, wir fahren auf einem kleinen Umweg nach Hause, sodass ich genug Zeit habe, dir die Situation zu erklären. Ich weiß, dass deine Eltern dir von mir und meiner Familie erzählt haben. Ich möchte das noch einmal genau mit dir durchgehen und die Geschichte absprechen, die wir nicht nur meiner Familie, sondern auch allen Außenstehenden erzählen werden. Meine Frau Maria kennt die Wahrheit, aber unsere Kinder nicht. Je weniger Menschen wissen, wer du wirklich bist, desto sicherer ist es für uns alle. Ich werde dich als meine Nichte aus Breslau vorstellen, die Tochter meines jüngsten Bruders Karl. Deine Mutter heißt Lotte.

Ich werde jetzt nicht alle Einzelheiten erwähnen, aber pass gut auf, wenn ich dich zu Hause vorstelle. Meine Frau und ich werden alles für dich tun, was in unserer Macht steht. Das ist das Mindeste, was ich deinen Eltern schuldig bin. Ich weiß genau, dass ich mein Medizinstudium ohne ihre Unterstützung nicht beendet hätte. Ich möchte auch, dass du weißt – auch wenn du das nie sagen darfst! –, dass wir gegen die Nazis sind. Es ist bestimmt sehr schwer für dich, nicht nur von deinen Eltern getrennt zu sein, sondern auch den Hass zu erleben, der sich gegen die Juden richtet. Aber wir wollen dich unterstützen. Meine liebe Ilse, das ist unser Zuhause, jetzt ist es auch deins. Willkommen!"

Ilse betrachtete das bescheidene, gepflegte Haus und die Blumenbeete im Vorgarten. Bis auf ein paar Tannenzweige waren sie mitten im Winter kahl. Da wurde die Tür geöffnet und ein kleines Mädchen von vielleicht sechs Jahren lief auf ihren Vater zu, blieb stehen und sah Ilse neugierig an. „Du bist also unsere Cousine. Komm rein, wir warten schon auf dich." Als sie das Haus betraten, kam eine junge Frau lächelnd auf sie zu, umarmte Ilse herzlich und sagte: „Willkommen, Ilse, was für ein hübsches Mädchen du bist. Es ist so lange her, dass ich dich zuletzt gesehen habe. Das hier sind deine Cousins und Cousinen – Günther, unser ältester, ist siebzehn, Grete ist zehn und Liesel hast du ja schon getroffen, sie ist gerade sechs geworden." Nachdem Ilse alle begrüßt hatte, setzten sie sich an den Tisch, wo eine heiße Suppe auf sie wartete. „Du bist früh losgefahren, jetzt hast du bestimmt Hunger." Die Kinder begannen sogleich, Ilse mit Fragen zu löchern: „In welcher Klasse bist du?" „Wie groß ist Breslau?" „Fährst du gerne Ski?" Onkel Rudolf unterbrach sie: „Lasst Ilse erstmal ankommen. Und seid nett zu ihr. Ich werde euch jetzt erzählen, warum sie zu uns gekommen ist und bei uns bleiben wird. Das Essen wird kalt, lasst uns anfangen, während ich euch die Geschichte erzähle, damit ihr Bescheid wisst. Ilses Vater, mein Bruder Karl, ist sein ganzes Leben lang Kommunist gewesen. Als Hitler an die Macht kam, ließ sich Lotte, Ilses Mutter, von Karl scheiden. Sie wollte nichts mit einem Kommunisten zu tun haben und hatte Angst, dass die Nazis der Familie etwas antun würden, wenn sie von Karls Verbindung mit den Kommunisten Wind bekämen. Kurz darauf ist sie gestorben, aber sie hat recht behalten. Die Nazis sehen die Kommunisten fast als ebenso große Gefahr für das Deutsche Reich wie die Juden und haben viele eingesperrt. Vor kurzem wurde Karl, bei dem Ilse aufgewachsen ist, verhaftet und in ein Konzentrationslager gebracht. Wir wissen nicht für wie lange. Karl und ich haben uns zerstritten, als wir jung waren, und hatten in den letzten zwölf Jahren fast keinen Kontakt. Aber als eure Mutter und ich hörten, dass Ilse nun ganz auf sich gestellt ist, war uns klar, dass sie nicht alleine bleiben konnte. Sie ist jetzt ein Teil unserer Familie, bis Onkel Karl aus dem Konzentrationslager entlassen wird."

Die Kinder reagierten mit Anteilnahme und Hilfsbereitschaft. Ilse erzählte ihnen, dass sie in die achte Klasse gehe und dass Breslau eine sehr große Stadt sei und sie Skifahren mochte. Tante Maria schlug vor, dass sie die Kinder am Montag in die Schule begleiten und Ilse anmelden würde. „Und jetzt, nachdem du gegessen hast", sagte sie, „zeige ich dir dein Zimmer. Dann kannst du auspacken und dich ein bisschen ausruhen." Die Kinder räumten den Tisch ab und Maria führte Ilse zu einem kleinen Raum neben der Küche. „Tut mir leid, dass wir kein größeres Zimmer für dich haben. Du kannst ein paar deiner Bücher aber auch ins Regal im Wohnzimmer stellen." Ilse bedankte sich und versicherte Maria, dass das Zimmer völlig in Ordnung sei. Nachdem sie die Tür hinter sich geschlossen hatten, setzten sie sich aufs Bett und Maria sagte leise: „Ilse, ich kann mir vorstellen, wie schwer es sein muss, das Schicksal deiner Eltern nicht zu kennen und mit einer falschen Identität leben zu müssen. Immer, wenn du über deine Sorgen und deine Eltern reden möchtest oder wenn du dich einsam fühlst, werden wir eine Möglichkeit finden, unter vier Augen zu reden." Ilse war von Marias Wärme und Mitgefühl überwältigt. Sie erzählte ihr, dass sie sich angesichts der vielen ungewissen Situationen, die ihr bevorstanden, Sorgen mache. „Danke, Tante Maria. Ich habe gleich ein paar Fragen. Du sagtest, dass du mich Montag in der Schule anmelden möchtest. Das ist gut. Aber denk daran, ich bin immer auf eine jüdische Schule gegangen und ich frage mich, wie ich mich zurechtfinden werde. Die zweite Sache, die mir Sorgen macht, hat mit Religion zu tun. Geht ihr in die Kirche? Muss ich mitkommen? Woher weiß ich, wie ich mich verhalten soll?" Maria überlegte einen Moment und antwortete dann. „In der Schule wirst du wahrscheinlich keine Probleme haben. Vermutlich bist du den Schülern hier ein Stück voraus. Und was die Kirche angeht: Wir sind Protestanten und gehören zu einer evangelischen Gemeinde, den Gottesdienst besuchen wir aber nur alle zwei Wochen. Und in unserer Gemeinde feiern wir auch nur selten Abendmahl. Dabei trinkt man einen Schluck Wein und isst eine Oblate oder ein Stück Brot – das soll Jesu Leib und Blut symbolisieren. Wir feiern damit die Auferstehung. Wenn du daran teilnehmen müsstest, wäre das sicher sehr schwierig für dich. Aber da werden wir einen Weg finden. Im Gottesdienst wird aus dem Alten und Neuen Testament gelesen, der Pastor predigt und wir beten und singen Kirchenlieder. Du wirst die meisten Bibelgeschichten kennen.

Das sollte also nicht allzu schwierig werden." Ilse nickte. „Ich werde mich bemühen, keine Fehler zu machen und immer im Hinterkopf haben, dass bereits ein einziger Fehltritt auf euch zurückfallen könnte. Ich möchte nicht, dass eurer Familie etwas geschieht."

Am Sonntag zeigte die Familie Ilse die Stadt Wollnitz, darunter ein paar wichtige Orte, die Schule, die Bücherei, das Kino, die Post, die Bank, das große Kaufhaus, die Praxis von Dr. Müller und die Grundschule, wo Maria unterrichtete. Auch an einem Museum und vielen schönen Parks und Spazierwegen kamen sie vorbei. Zum Mittagessen kehrten sie in ein Restaurant ein, das ein spezielles Familienmenü anbot, und aßen eine festliche Mahlzeit. Es war ein schöner Ausflug, mit dem sie Ilse willkommen heißen und ihr helfen wollten, sich in ihrer neuen Familie und der neuen Stadt wohl zu fühlen. Montagmorgen beim Frühstück erklärte Tante Maria den Kindern, dass sie als erstes gemeinsam zum Gymnasium gehen würden, das Günther besuchte, und das nun auch Ilses Schule sein würde. „Mein Unterricht beginnt erst später, ich möchte dich dem Schulleiter vorstellen, Ilse." Nach einem flotten Spaziergang von fünfzehn Minuten erreichten sie das große Schulgebäude. Dort strömten die Schülerinnen und Schüler die Treppe hinauf und unterhielten sich, aber einige hielten plötzlich inne, als sie Familie Müller näher kommen sahen.

Maria Müller klopfte am Büro des Direktors, Dr. Reinhard, und trat dann mit Ilse an ihrer Seite ein. Er begrüßte sie mit dem Hitlergruß* und rief „Heil Hitler." Frau Müller antwortete ebenfalls mit „Heil Hitler", hob ihren Arm aber nicht. Sie fuhr fort: „Guten Morgen, Herr Dr. Reinhard, ich möchte Ihnen meine Nichte Ilse vorstellen. Sie ist vor ein paar Tagen aus Breslau gekommen und lebt jetzt bei uns. Sie sollte gut in die achte Klasse passen. Ich hoffe, dass Sie Platz für sie haben." Der Schulleiter betrachtete Ilse prüfend und sagte dann: „Junge Dame, hat man dir in Breslau nicht beigebracht, wie man einen Schulleiter ordentlich begrüßt? Ich bin mir sicher, dass du das besser kannst!" Ilse bekam einen fürchterlichen Schreck, aber sie riss sich zusammen, lächelte Dr. Reinhard strahlend an und riss den rechten Arm nach oben. „Heil Hitler. Bitte entschuldigen Sie, ich war so beeindruckt von all den Fotos in Ihrem Büro, dass ich es versäumt habe, Sie so zu begrüßen, wie es sich gehört." „In Ordnung, dir sei verziehen, Ilse. Hast du die Zeugnisse von deiner alten Schule dabei?" Erneut stieg Panik in Ilse auf. Was sollte sie auf die Frage antworten? Aber sie fing sich rasch und sagte: „Das hätte ich selbstverständlich gerne getan, aber vor kurzem gab es bei uns einen Zimmerbrand und dabei sind alle Zeugnisse und wichtigen Unterlagen zerstört worden. Es tut mir leid, aber ich versichere Ihnen, dass ich mit dem Stoff mitkommen werde." Maria sah Ilse anerkennend an und sagte: „Ich denke, ich kann mich jetzt verabschieden. Ich muss mich beeilen, um rechtzeitig zu meinen eigenen Schülern zu kommen. Viel Glück, Ilse, Liebes. Du kannst mit Günther nach Hause gehen." Herr Dr. Reinhard stand von seinem Stuhl auf, bedankte sich bei Frau Müller dafür, dass sie ihre charmante Nichte zur Schule gebracht hatte, und versicherte ihr, dass er alles tun werde, damit Ilse sich in ihrer neuen Klasse wohlfühle. Dann bat er Ilse, ihm zu folgen. Als sie aufstand, überschwemmte sie eine Welle der Angst vor dem Unbekannten, das auf sie wartete. Sie fühlte sich völlig unvorbereitet auf ihr seltsames, neues Leben und musste die Vergangenheit tief in ihrer Seele begraben, damit sie in Zukunft nicht über ihre Erinnerungen stolperte. Still betete sie zu Gott, dass er ihr Kraft geben möge.

Als Dr. Reinhard die Tür zum Klassenzimmer öffnete, sprangen alle Schülerinnen und Schüler von ihren Plätzen auf. Sie standen stramm, knallten die Hacken zusammen und ihre Arme schossen in die Höhe, als sie und ihr Lehrer „Heil Hitler" riefen. Ilse erschreckte sich, erinnerte sich aber schnell an den Vorfall im Büro des Schulleiters und hob wie Dr. Reinhard den Arm. „Ich muss mich möglichst schnell daran gewöhnen", nahm sie sich insgeheim vor. „Setzen, bitte, ich möchte euch eine neue Schülerin vorstellen, Ilse Müller. Sie kommt aus der großen Stadt Breslau zu uns." Er wandte sich dem Lehrer zu und schüttelte ihm die Hand. „Ilse, dies ist dein Lehrer, Herr Klein. Er ist ein ernsthafter und kluger Mann. Viel Glück euch allen. Heil Hitler."

Ilse bekam einen Platz neben einem Mädchen in der letzten Reihe zugeteilt. Im ersten Moment konnte sie dem Lehrer nicht zuhören, sondern musste an den Tag vor fast neun Jahren denken, als sie in die erste Klasse gekommen war und ihre beste Freundin Elli kennengelernt hatte. Niemand würde Elli ersetzen, niemand würde je an ihre Stelle treten, schwor sie sich. Schließlich versuchte sie, sich auf die Tafel zu konzentrieren, an die Herr Klein mathematische Formeln geschrieben hatte. Sie wusste sofort, dass sie mit Mathe keine Probleme haben würde. Nach ein paar weiteren Schulstunden, fing Ilse langsam an, sich zu entspannen. Sie hatten den Stoff in allen Fächern bereits an ihrer alten Schule behandelt.

In der Pause drängten sich vor allem die Mädchen um Ilse und stellten ihr Fragen: „Wie groß ist die Schule, auf der du warst? Habt ihr viele Hausaufgaben aufbekommen? Bist du oft in der Oder geschwommen? Gibt es in Breslau viele Kinos? Wie groß war deine BDM-Gruppe?" Ilse bemühte sich geduldig, alle Fragen zu beantworten, nur die Frage nach dem BDM versuchte sie zu ignorieren. Eines der Mädchen fragte jedoch immer wieder nach den BDM-Treffen in Breslau. Was sollte sie tun? Ilse überlegte fieberhaft. Dann kam ihr eine Idee. Ihr fielen die Treffen der zionistischen Jugendgruppe ein. Wie groß konnte der Unterschied schon sein? Sie würde Herzl* durch Hitler ersetzen und hoffen, dass das reichte. Fröhlich sah sie die Gruppe an und erzählte: „Bei den Treffen haben wir Geschichten über das Vaterland gehört und es ging um Pläne für die Zukunft und wir haben natürlich Lieder gesungen." „Habt ihr auch Sport getrieben?", wollte ein Mädchen wissen. Ilse versicherte ihr, dass Sport natürlich ein wichtiger Teil aller Treffen gewesen sei. Das schien sie zufriedenzustellen. Einige Mädchen fragten sie, ob sie sich nach der Schule mit ihnen treffen wolle. Ilse reagierte etwas zurückhaltend und antwortete, dass sie sich erst einmal mit ihrem neuen Leben vertraut machen müsse. Nach der Schule wartete Günther vor dem Schultor und sie machten sich gemeinsam auf den Nachhauseweg.

Beim Abendessen ging es munter zu, die Kinder wollten alle von ihrem Schultag berichten. Als Ilse an der Reihe war, versicherte sie ihren neuen Verwandten, dass sie keine Probleme haben werde, im Unterricht mitzukommen. Sie berichtete, dass einige Mädchen ihr angeboten hätten, sich nach der Schule zu treffen, aber dass ihr das noch etwas zu früh sei. Maria sagte: „Du hast dich wirklich tapfer geschlagen, lass dir Zeit, um dich an deine neue Umgebung und die vielen neuen Menschen zu gewöhnen. Wenn du nach einer Weile Vertrauen zu ein paar Mädchen hast, kannst du anfangen, dich zu verabreden."

Nach dem Essen fragte Ilse, ob sie nicht gemeinsam ein paar patriotische Lieder singen könnten, die die Kinder bei der Hitlerjugend und dem BDM lernten. Onkel Rudolf und Maria lächelten sich an, sie verstanden den Grund für Ilses Vorschlag. Kurz darauf hörte man junge und alte Stimmen gemeinsam Lieder schmettern, die Hitlers Herz erfreut hätten.

So verging Tag um Tag, Wochen wurden zu Monaten. Langsam wichen die kurzen, grauen Wintertage den helleren Frühlingstagen. Die Bäume wurden von der wohlwollenden Sonne geweckt und trieben Knospen. An Ostern besuchte Familie Müller die Kirche. Ilse hatte einen Migräneanfall und blieb zu Hause. Als sie alleine im Bett lag, ließ sie die Gedanken zu ihren Eltern wandern. In ihrem früheren Leben, als Regina Wolf, hätte sie jetzt Pessach*, das jüdische Passahfest, gefeiert. Vor ihrem inneren Auge sah sie den Tisch mit dem weißen Tischtuch und den glitzernden Weingläsern und glänzenden Tellern vor sich, die *Seder**-Platte in der Mitte und die drei mit einem *Seder**-Tuch bedeckten *Mazzoth**. Sie konnte die Hühnersuppe auf dem Herd förmlich riechen und sah ihre geliebten Eltern und die eingeladenen Gäste, wie sie die *Haggada** rezitierten und traditionelle Lieder sangen. Die Erinnerung erschien ihr wie ein ferner Traum, der ihr Kraft gab, während sie als Ilse Müller ein neues Leben begann. Sie war sich sicher, dass sie diese Abende nicht vergessen würde. Nie würde sie ihre Vergangenheit vergessen.

Während der Sommerferien unternahm die Familie immer wieder kurze Ausflüge. Die Zeitungen waren voll von Hitlers geifernden Tiraden gegen die inneren und äußeren Feinde, in den Radioansprachen forderte er mehr „Lebensraum" für die Deutschen. Nach dem „Anschluss"* Österreichs war 1938 auf Grundlage des „Münchner Abkommens"* auch das Sudetenland* annektiert worden. Die in der Tschechoslowakei lebenden Deutschen sollten „heim ins Reich" geholt werden. Obwohl der *Versailler Vertrag** den Kauf und die Produktion von Waffen beschränkt hatte, rüstete das Deutsche Reich seit 1935 – für alle Augen sichtbar – massiv auf. Mitglieder von SA und SS marschierten stolz durch die Straßen deutscher Städte und stellten ihre Macht und Stärke offen zur Schau. Das Deutsche Reich schickte eine bedrohliche Nachricht an die anderen Länder Europas: „Wir wollen die ganze Welt beherrschen!" Jüdinnen und Juden versuchten nach wie vor verzweifelt, Deutschland zu verlassen. Vielen gelang es nicht, es wurden immer mehr Menschen verhaftet. Europa machte Zugeständnisse und beobachtete Hitlers unstillbar scheinenden Appetit. Die Welt hielt den Atem an und wartete.

Mit dem August gingen auch die Sommerferien zu Ende. Im Haus der Familie Müller rückte die Schule nur langsam wieder ins Bewusstsein der Kinder. So schön waren die Ferien gewesen! Rudolf Müller stand morgens immer als erster auf und schaltete das Radio ein. So auch an diesem Tag. Gleich als erstes hörte er die Nachricht: „1. September 1939. Bürger Deutschlands, wir sind stolz, mitteilen zu dürfen, dass die Wehrmacht erfolgreich die Grenze nach Polen überschritten hat. Nach dem Angriff der Polen auf den *Sender Gleiwitz** gestern Abend ist die Verteidigung des deutschen Vaterlandes unsere Pflicht! Weitere Informationen folgen in Kürze."

Rasch weckte Rudolf den Rest der Familie und berichtete ihnen, was er gehört hatte. Sie starrten ihn ungläubig und verwirrt an. „Heißt das, dass ich nicht zur Schule gehen muss?", fragte Liesel hoffnungsfroh. „Mach den Kurzwellensender an, Rudolf, lass uns hören, was die Engländer sagen", schlug Maria vor. Dort hörten sie die Meldung, dass die britische Regierung innerhalb von zwei Tagen den Rückzug der deutschen Wehrmacht forderte. Falls dies nicht geschähe, sei ein Krieg unausweichlich. Beim Frühstück beschloss die Familie, vorerst abzuwarten und weiterzumachen, als wäre nichts geschehen. „Ich muss in die Praxis und mich um meine Patienten kümmern und du, Maria, musst zu deinen Schülern. Und ja, Liesel, du musst in die Schule gehen."

Auf den Straßen von Wollnitz war der Angriff auf Polen das Gesprächsthema Nummer eins. Auch die Schülerinnen und Schüler diskutierten auf dem Schulweg aufgeregt miteinander und verstummten auch im Klassenzimmer nicht. Was würde als Nächstes geschehen? Was bedeutete das für sie? Würde es Krieg geben? Als Herr Klein den Raum betrat, verstummten sie und begrüßten ihn laut und deutlich mit dem üblichen „Heil Hitler" – vielleicht sogar noch ein wenig lauter als sonst, weil einige ihrer Begeisterung über die aufregende Nachricht, dass die deutsche Wehrmacht in Polen einmarschiert war, Ausdruck verleihen wollten. An diesem Tag war es für die Lehrer unmöglich, zu unterrichten. Immer und immer wieder wurde über den drohenden Krieg gesprochen. Die meisten Jugendlichen fanden diese Aussicht aufregend.

Das Deutsche Reich* ignorierte das Ultimatum, das Großbritannien und Frankreich gestellt hatten, woraufhin die beiden Regierungen Deutschland am 3. September 1939 den Krieg erklärten. Das versetzte ganz Europa und Amerika in Alarmbereitschaft. Schnell drang die deutsche Wehrmacht ins polnische Landesinnere vor und trotz mutiger Kämpfe waren die Polen den deutschen Soldaten, Panzern und Flugzeugen unterlegen. Am 17. September griff die Sowjetunion Polen von Osten an und besetzte – wie im geheimen Zusatzprotokoll des Hitler-Stalin-Paktes* im August 1939 festgelegt – den östlichen Teil Polens. Seit 1933 hatten die Nationalsozialisten erste Konzentrationslager* eingerichtet und bauten nun mit Hochdruck weitere, vor allem in Polen. Zu Anfang der nationalsozialistischen Herrschaft wurden überwiegend politische Gegner, dann aber zunehmend Jüdinnen und Juden inhaftiert. Vor allem in Ostmitteleuropa gab es vor dem Zweiten Weltkrieg eine große jüdische Bevölkerung. Die Nationalsozialisten begannen auch dort, Menschen jüdischen Glaubens nach und nach systematisch zu erfassen und in Ghettos* und Konzentrationslager zu sperren. Einige Juden, die seit Hunderten von Jahren in Polen gelebt hatten, flohen – wie auch viele Polen – in das von der Sowjetunion besetzte Gebiet. Berauscht vom Erfolg der Wehrmacht ließ Hitler seine Muskeln spielen: Innerhalb der nächsten neun Monate marschierte die deutsche Armee in Norwegen, Dänemark, Belgien und den Niederlanden ein und wandte sich von dort nach Frankreich. Viele Männer erhielten einen Einberufungsbescheid. Rudolf Müller, der einen Klumpfuß hatte, wurde ausgemustert, aber die Familie hatte Angst, dass Günther bald eingezogen werden könnte. In der Schule konnten es viele Jungen gar nicht erwarten, bis sie alt genug waren, um als Soldat zu dienen und an Deutschlands Siegen teilzuhaben.

Für Ilse war es eine schwierige Zeit. Es fiel ihr schwer, die Sorge um ihre Eltern zu verbergen und einigermaßen überzeugend so zu tun, als ob sie sich wie ihre Klassenkameraden über den Kriegsausbruch freute. Jede Schulstunde begann mit einem Bericht über die Erfolge und Fortschritte der Wehrmacht. Oft musste die ganze Schule gemeinsam Hitlers Reden an die Nation lauschen, in denen er den Sieg über die Feinde des Deutschen

Reiches ankündigte. Im Haus der Müllers aber saßen die Eltern mit Günther und Ilse abends zusammen, wenn die kleineren Kinder schon schliefen, und machten sich Sorgen wegen des Kriegsausbruchs. Als Onkel Rudolf erwähnte, dass er in seiner Praxis immer mehr Arbeit habe und oft ins Krankenhaus müsse, bot Ilse ihre Hilfe an. Sie habe nach der Schule genug freie Zeit, um etwas Sinnvolles zu tun. „Bitte, Onkel Rudolf, es würde mir sehr viel bedeuten, wenn ich helfen könnte. Ich habe immer davon geträumt, einmal Ärztin zu werden, wie mein Vater. Bitte lass mich helfen!" Sie beschlossen, dass Ilse nach der Schule in die Praxis kommen und sie sehen würden, wo sie sich nützlich machen könnte.

Als sie nachts alleine in ihrem Zimmer lag, wurde aus Ilse wieder Gina und sie dachte an ihre Eltern. Ob sie es in die Niederlande geschafft hatten? Ob sie Glück gehabt und sich in ein anderes Land hatten retten können, bevor die Deutschen Holland angegriffen hatten? Die Entscheidung, ihre Hilfe bei der Versorgung der Kranken und vielleicht Verletzten anzubieten, gab Gina einen Grund zu leben. „Ja, ich will Ärztin werden", dachte sie, „wie mein Vater. Ich will, dass er und meine Mutter stolz auf mich sein können!" Mit diesem Gedanken schlief sie endlich ein.

Die in Polen lebende Familie von Esthers Vater. Keine der abgebildeten
Personen überlebte die Schoah.

United States Holocaust Memorial Museum Collection, Gift of Esther Ascher Adler.

Ausflug der zionistischen Jugendgruppe Breslau, 1936.

United States Holocaust Memorial Museum Collection, Gift of Esther Ascher Adler.

18

<u>4. Vierteljahr 19 35/36</u>

Private Schule _Privl._   Klasse _III a_

1. Fehltage: 1   entschuldigt   1   unentschuldigt   —
2. Betragen   gut   4. Aufmerksamkeit   sehr gut
3. Fleiß   sehr gut   5. Ordnungsliebe   sehr gut

Leistungen:

1. Religionslehre sehr gut	7. Naturlehre sehr gut
2. Deutsch	8. Rechnen genügend
a) Lesen sehr gut	9. Raumlehre gut
b) mündl. Ausdruck	10. Schreiben
c) schriftl. Ausdruck gut	11. Zeichnen genügend
d) Rechtschreibung	12. Gesang sehr gut
3. Heimatkunde und heimatkundl.	13. Turnen gut
Anschauungsunterricht	14. Nadelarbeit
4. Geschichte und	15. Hauswirtschaftlicher
Staatsbürgerkunde sehr gut	Unterricht
5. Erdkunde gut	16. Werkunterricht
6. Naturbeschreibung sehr gut	17. Kurzschrift

Bemerkungen:

aufrücken nach Kl. IV a

Hebr. Lesen   genügend
Übersetzen   sehr gut
Bibl.Jüd.Gesch.   sehr gut

Breslau, den   27. März   19 36

Unterschriften:

de s Schulleiter s   de s Lehrer s

des Paters   des Vormunds

Esthers Schulzeugnis 1935/1936.

107

Sporturkunde der Jüdischen Schule Breslau 1938.

Esther (2. Reihe, 3. von rechts), Gina (2. Reihe, 2. von links) und die Mädchen
der achten Klasse der Jüdischen Schule Breslau
auf einem Schulausflug im Frühjahr 1938.
United States Holocaust Memorial Museum Collection, Gift of Esther Ascher Adler.

Das letzte gemeinsame Foto von Esther und ihrer Familie, Oktober 1938.
United States Holocaust Memorial Museum Collection, Gift of Esther Ascher Adler.

Synagoge *Zum Weißen Storch* heute, Außenansicht. Foto: © Maria Luft.

Blick auf die Synagoge und den Innenhof. Foto: © Maria Luft.

110

Innenansicht. Foto: © Maria Luft.

Innenansicht. Foto: © Maria Luft.

Torbogen, Ausgang von der Synagoge *Zum Weißen Storch* auf die ul. Włodkowica (ehemals: Wallstraße). Foto: © Maria Luft.

Tafel am Gebäude im Innenhof der Synagoge *Zum Weißen Storch* zur Erinnerung an die Deportationen der Breslauer Juden, die häufig von diesem Sammelplatz aus begannen. Foto: © Maria Luft.

Esther 1941 in Kibbuz Mizrah. Foto: Archiv der Autorin.

Esther mit einer Kindergartengruppe im Kibbuz Ma'abarot, 1944.
United States Holocaust Memorial Museum Collection, Gift of Esther Ascher Adler.

Kapitel 9

Jerusalem 1939

Als Elli in Jerusalem ankam, verliebte sie sich sofort in die Stadt. Sie staunte über die großen, hellgoldfarbenen Steine der Gebäude und beobachtete die Esel, die beladen mit Obst oder großen Paketen den Autos in den engen Straßen Konkurrenz machten. Tief atmete sie die Luft der Stadt ein. Bei ihrer Ankunft in der Mädchenschule *Beit Zeirot Misrachi* konnte sie es kaum erwarten, die Schülerinnen und Lehrerinnen kennenzulernen. Sie teilte sich mit drei anderen Mädchen aus Deutschland ein Zimmer. Einige, die schon vor einem Jahr gekommen waren, unterhielten sich auf Hebräisch, viele sprachen aber Deutsch. Der Tagesablauf erinnerte Elli an das Vorbereitungslager: lernen und arbeiten. Elli beschloss, ihren Schwerpunkt auf Landwirtschaft zu legen – nur für den Fall, dass sie ihre Ausbildung zur Lehrerin am Ende des Programms der Jugend-*Alijah* nicht direkt beginnen konnte. Sie fand die Lehrerinnen sehr nett, auch die Arbeit gefiel ihr gut, am meisten aber mochte sie den Schabbat. Nachdem Elli morgens in der Synagoge war, gehörten die Nachmittage ganz allein ihr und sie hatte Zeit, die Altstadt zu erkunden – *Ir David*, Davids Stadt, der Ort, an dem die beiden heiligen Tempel* gestanden hatten. Vor allem aber wollte Elli die Klagemauer* sehen. Sie wanderte durch die engen Gassen der Altstadt, atmete den Geruch von Gewürzen, Gemüse, Obst und Fleisch ein, der ihr von den Ständen entgegen wehte, und wurde von den arabischen Händlern zum Kauf aufgefordert. Sie wollte aber auf dem schnellsten Weg zur Mauer. Dort stand sie ehrfurchtsvoll vor den großen Steinen, zwischen denen kleine Pflanzen wuchsen. Die Menschen brachten kleine, zusammengerollte Zettelchen mit und steckten diese in die Ritzen zwischen den uralten Steinen. Darauf standen Gebete, in denen sie Gott um Hilfe baten. Elli erinnerte sich daran, wie sie im Büro der zionistischen Organisation in Breslau ein Poster der Klagemauer betrachtet hatte. Ihr Traum war wirklich wahr geworden! Wie sollte sie ihre Familie daran teilhaben lassen? Ihr Herz schlug schneller, als sie an die vielen Jahrhunderte jüdischer Geschichte dachte, die diese Steine mitangesehen hatten. Sie stellte sich den Heiligen Tempel vor und wie die Leviten* Psalme sangen. „Das ist meine Vergangenheit und meine Zukunft", dachte sie. In solchen Momenten spürte sie, dass es die richtige Entscheidung gewesen war, nach *Erez Israel* zu kommen, auch wenn es die Trennung von ihrer Familie bedeutet hatte. Es gab viele Momente, in denen sie sich einsam fühlte und das liebevolle Miteinander mit ihren Eltern und Brüdern vermisste. Es tröstete sie aber ein bisschen, dass ihre Familie Deutschland rechtzeitig verlassen und Schutz in Amerika hatte finden können.

Wenn sie am Schabbat durch die Altstadt streifte, entdeckte sie immer neue Orte. Zum Beispiel gab es eine alte russische Kirche, deren schwere Türen offen standen und Elli einluden, einen neugierigen Blick hinein zu werfen. Als sie eintrat, strömte ihr der Geruch von Weihrauch entgegen, eine völlig neue Erfahrung. Zu Hause in Breslau hätte ihr Vater ihr niemals erlaubt, eine Kirche zu betreten oder sich auch nur dem Eingang zu nähern.

Nach und nach wurde Elli mutiger. Sie betrachtete die alte Stadtmauer, die die Altstadt umgab, und beschloss, oben auf der Mauer entlang zu gehen, statt auf der gepflasterten Straße. Sie hatte gelesen, dass die Mauer im 16. Jahrhundert von Sultan

Süleyman I. dem Prächtigen auf den Überresten der vorherigen Mauer errichtet worden war. Manchmal stieg sie auch auf den Skopus-Berg, wo Gebäude der *Hebräischen Universität* und des *Hadassah*-Krankenhauses errichtet worden waren. Werktags wanderte sie oft durch den nahegelegenen *Mahane-Yehuda-Markt*, in dem es immer wie in einem Bienenstock zuging. Die Verkäufer boten Gemüse, Früchte und Backwaren an. Manchmal spazierte Elli auch ins Zentrum der Jerusalemer Neustadt. Dort merkte man meist nur wenig von der politischen Lage im Land, die weitgehend unverändert war. Immer wieder kam es zu Zusammenstößen zwischen Juden und Arabern sowie Angriffen auf britische Soldaten.

Sechs Monate nachdem Elli in *Erez Israel* angekommen war, brach in Europa der Krieg aus. Das bereitete allen große Sorgen. Fast alle Jüdinnen und Juden hatten Verwandte, die entweder nicht aus Deutschland hatten fliehen können oder deren Heimatländer von der deutschen Wehrmacht überrollt worden waren und jetzt unter deutscher Herrschaft standen. Die jüdische Einwanderung nach Palästina nahm stark ab, weil die Briten die Ausstellung von Zertifikaten reduzierten und schließlich fast ganz einstellten. Es kamen aber immer mehr illegale Einwanderer per Schiff oder zu Fuß – trotz der damit verbundenen Gefahren. Hunderte junger Männer schlossen sich freiwillig der Britischen Armee an. Ihr Ziel war es, gegen Nazi-Deutschland zu kämpfen und Hitler und die deutsche Wehrmacht zu besiegen.

1941 schloss Elli ihre zweijährige Schulzeit ab. Sie hatte lange nachgedacht und sich schließlich dazu durchgerungen, ihre Eltern in einem Brief zu fragen, ob sie einen Teil der Gebühren für das Lehrerseminar übernehmen könnten, das sie gerne besuchen wollte. Sie bekam folgende Antwort:

Liebste Elli, wir sind so stolz, dass du deinen Kindheitstraum verwirklichen und Lehrerin werden möchtest. Wie gerne würden wir Dir dabei helfen, aber gegenwärtig kämpfen wir selbst noch mit dem Ankommen. Leo hat gerade mit dem College bekommen, aber er besteht darauf, sich für die US-Armee zu melden. Wir machen uns große Sorgen, aber er sagt, dass er gegen Hitler kämpfen müsse. Seine Argumente leuchten uns ein, und wir unterstützen ihn, auch wenn wir uns große Sorgen machen. Max besucht eine jüdische Schule, die teuer, aber sehr gut ist. Er ist sehr intelligent, und wir möchten, dass er die bestmögliche jüdische Ausbildung bekommt. Mutters Englisch ist inzwischen so gut, dass sie eine Anstellung als Buchhalterin gefunden hat. Sie wird nicht gut bezahlt, aber es ist besser als nichts. Und ich habe endlich einen Ort gefunden, wo ich einen Kurzwarenladen aufmachen kann. Damit kenne ich mich schließlich am besten aus.

Elli, wir wissen, dass du Verständnis haben wirst und sind uns sicher, dass du dein Ziel bestimmt irgendwie erreichen wirst.

Alles Liebe und Küsse von uns allen
Papa und Mama

Elli wunderte sich nicht über die Antwort ihrer Eltern, schließlich waren sie vor nicht allzu langer Zeit als vierköpfige Familie mit wenig Geld und ohne Möbel in Amerika angekommen. Sie hatte immer wieder darüber nachgedacht, sich einem Kibbuz anzuschließen und mitzuhelfen, das Land zu erschließen. Nach Rücksprache mit der Schulleiterin empfahl man ihr, sich an Ephraim, den Verantwortlichen einer kleinen Gruppe von *Chaluzim**, Pionieren, zu wenden. Elli fuhr nach Haifa, wo sie vor etwas über zwei Jahren an Land gegangen war, um eine Gruppe von vierzig jungen Menschen zu treffen. Die meisten waren älter als sie und hatten Landwirtschaft, Metall- oder Tischlerhandwerk gelernt. Alles Fertigkeiten, die man gut gebrauchen konnte! Diese Gruppe motivierter junger Menschen wartete nur darauf, einen Ort zugewiesen zu bekommen, an dem sie einen neuen Kibbuz aufbauen konnten.

Es war eine aufregende Zeit, in der sie sich kennenlernten und voller Vorfreude auf den Marschbefehl warteten. Elli machte sich Sorgen, weil sie anders als die anderen keine spezielle Ausbildung hatte. Als sie mit Ephraim darüber sprach, sagte er zu ihr: „Ich habe gehört, dass du Lehrerin werden möchtest. Noch gibt es keine Kinder, aber es sind ein paar Ehepaare in der Gruppe. Hab Geduld, bald werden Babys geboren, die Kinder werden älter und dann brauchen sie eine Lehrerin." Elli war begeistert von der Idee. Sie versprach, dass sie bis dahin überall mit anfassen würde, wo man ihre Hilfe brauchen konnte.

Im Sommer 1941 bekam die Gruppe endlich offiziell den Auftrag, einen Kibbuz im Jordantal zu errichten. Sie diskutierten, welchen Namen sie ihrem neuem Zuhause geben sollten und entschieden sich für *„HaSchachar"*, was so viel wie „Morgendämmerung" bedeutete. Es war sehr aufregend, Teil eines neuen Kibbuz zu sein und Komitees einzurichten, die die Regeln aufstellten und überwachten, die im Kibbuz gelten sollten.

Elli hielt ihr Versprechen und half überall mit, wo sie gebraucht wurde – ob beim Küchendienst oder bei der Ernte auf den Feldern. Nach über einem Jahr im Kibbuz schrieb sie im Sommer 1942 an ihre Familie:

Liebe Eltern, Leo und Max,

ich hoffe, dass es euch gut geht und ihr von Leo hört, wo auch immer er gerade ist. Es wäre großartig, wenn er ab und zu Zeit fände, mir zu schreiben. Ich verstehe aber, dass ein Soldat tun muss, wie ihm befohlen wird, also warte ich. Mir geht es gut in unserem Kibbuz. Wir arbeiten sehr hart, damit auf unserem Land Gemüse und Früchte wachsen. Wir leben in einem sehr heißen Klima mit sehr wenig Regen und begrenzten Wasservorräten. Aber das ist bei allen Kibbuzim in der Gegend so. Die Turm-und-Palisaden-Bauweise* ist großartig, um neue Siedlungen zu gründen. Davon möchte ich euch erzählen.

Die Anführer der Juden in Erez Israel machten sich Sorgen, dass das Land, das der Jewish National Fund* vor Jahren gekauft hatte und das noch nicht besiedelt worden war, in die Hände der arabischen Bauern, der Fellachen*, fallen könnte. Da es ständig Feindseligkeiten gab, entschied man sich, Freiwillige zu rekrutieren, die sich abends in einem nahe gelegenen Kibbuz versammelten. Früh morgens wurden sie dann mit Lastwagen, die am Vortag mit dem nötigen Material beladen worden waren, zu dem vorgesehenen Stück Land gebracht, um dort eine neue Siedlung zu errichten. Das erste Ziel war es, eine Palisade und einen Turm zum Schutz zu bauen. Wenn die Sonne aufging, war ein neuer Kibbuz unverrückbar aus dem Boden gewachsen. Eine Palisade lässt sich leicht bewachen und der Turm dient als Ausguck, um nahende Gefahr rechtzeitig zu erkennen.

Wir besuchen oft benachbarte Kibbuzim, feiern zusammen und sehen Filme, die jemand aus der Stadt mitgebracht hat. Wenn nicht Krieg herrschte und wir uns nicht ununterbrochen wegen Hitlers Gräueltaten an unseren Brüdern und

Schwestern Sorgen machen würden, könnte ich hier richtig
glücklich sein.
Papa, wie entwickelt sich dein Geschäft? Mama, es freut
mich zu hören, dass du eine besser bezahlte Arbeit gefunden
hast, viel Erfolg! Ich kann nicht glauben, dass mein kleiner
Max jetzt schon fünfzehn ist! Es ist so schade, dass ich nicht
bei seiner Bar Mizwa dabei sein konnte, aber ich freue mich,
dass ihr so stolz auf ihn seid.
Bitte schreibt bald.

Alles Liebe,
Elli

Wollnitz 1941

Die Nachricht, dass die deutsche Wehrmacht die Sowjetunion
angegriffen hatte, versetzte 1941 die ganze Welt in Schrecken.
Über den deutsch-sowjetischen Nichtangriffspakt vom August
1939 – besser bekannt als Hitler-Stalin-Pakt* – setzte sich Hitler
einfach hinweg, als es ihm zupass kam. Der Pakt war einige Zeit
nützlich gewesen, weil er Deutschland ökonomische Vorteile gesichert und die Sowjetunion das Deutsche Reich mit dringend
benötigten Waren, vor allem Rohstoffen, beliefert hatte. Jetzt
aber verfolgte Hitler seine bombastischen Pläne weiter. Viele
junge Männer wurden zum Wehrdienst eingezogen. Einer von
ihnen war Günther Müller. Die Familie machte sich große Sorgen. Wie sie zu Hitlers verrücktem Streben nach der Weltherr-
schaft standen, interessierte niemanden.

Kapitel 10

Der Schulunterricht ging zwar normal weiter, aber es gab oft Unterbrechungen. Einmal klopfte es während der Biologiestunde. Ein uniformierter SS-Mann betrat den Klassenraum und rief laut: „Heil Hitler, Sanitätsunteroffizier Borker." Als die Lehrerin, Fräulein Holz, nach einer Erklärung für sein unvermitteltes Eintreten fragte, bellte er ihr einen kurzen Befehl entgegen: „Der Unterricht wird sofort unterbrochen. Die Schüler werden zu Kriegszwecken benötigt." „Und was soll das bitteschön heißen?", fragte Fräulein Holz energisch. „Wir brauchen die Zeit für den Unterricht." Der SS-Mann ignorierte ihre Frage und befahl den Schülerinnen und Schülern, aufzustehen und ihm in Zweierreihen zu folgen.

Die Klasse folgte SS-Mann Borker aus der Schule zu einem großen Raum im Rathaus. Dort bekamen sie Verbandsmull und man zeigte ihnen, auf welche Länge sie das Material schneiden und dann zu Binden aufrollen sollten. Niemand wagte es, zu sprechen, sie saßen schweigend nebeneinander und rollten den Mull zu Binden. Dann fragte Kurt, der Klassenclown, plötzlich: „Heißt das, dass es so viele verwundete Soldaten gibt, dass Sie jetzt schon unsere Hilfe brauchen?" „Name?", schnauzte Unteroffizier Borker ihn an. „Ich heiße Kurt, Kurt Wagner." Nach einer kurzen Stille sagte Borker spöttisch: „Natürlich, Wagner. Ich kenne deinen Vater gut. Er hat sehr lange gebraucht, um die Notwendigkeit des Krieges zu erkennen – wie der Vater so der Sohn. Aber wart nur ab, bald ist auch er an der Front. Keine Ausreden mehr, dass er im Kraftwerk gebraucht würde." Danach herrschte absolute Stille, niemand wagte es, auch nur zu flüstern.

Seitdem Gina nach Wollnitz gekommen war, hatte sie ihr Bestes getan, um die Rolle von Ilse Müller überzeugend zu spielen. Aus diesem Grund versuchte sie, in der Schule für sich zu bleiben, ohne unfreundlich zu wirken. Auf diese Weise war es leichter, Situationen zu vermeiden, in denen sie womöglich versehentlich ihre wirkliche Identität verraten hätte. Wenn ein Mädchen sie fragte, ob sie sich nach der Schule treffen wollten, benutzte sie anfangs meist die kleine Liesel als Ausrede und sagte, dass sie auf sie aufpassen müsse. Seitdem sie vor ein paar Monaten begonnen hatte, in Onkel Rudolfs Praxis zu helfen, brauchte sie keine Ausreden mehr. Dort fühlte sie sich sicher, sie nahm Telefonanrufe entgegen und erledigte Büroarbeiten. In letzter Zeit hatte Onkel Rudolf sie auch immer öfter gebeten, ihm bei der Arbeit mit den Patienten zu assistieren. Er hatte ihr zum Beispiel gezeigt, wie man Fieber und Blutdruck maß.

Die Nachrichten von der Front waren nicht immer gut. Das trug zu Ilses Angst bei. „Wo sind bloß meine Eltern?", fragte sie sich immer wieder. „Ob es ihnen gelungen ist, Holland zu verlassen, bevor die Deutschen einmarschiert sind? Ob sie überhaupt noch leben?" Manchmal hielt sie das Schweigen nicht länger aus und die dunklen Gedanken legten sich wie Schatten auf ihre Seele. Dann bat sie Maria, sich zu ihr zu setzen, nachdem alle anderen schlafen gegangen waren. Sie sprachen über die Grausamkeit der Nazis gegenüber den Juden, über die ungewisse Zukunft. Sie redeten über die vielen jungen Männer, die einberufen worden waren, und darüber, dass sie nicht wussten, wo Günther gerade kämpfen musste. Wenn sie an solchen Abenden ihre Ängste teilten, fanden sie Trost und spendeten sich gegenseitig Kraft.

Frühjahr 1943

Sanitätsunteroffizier Borker stattete ihnen einen weiteren Besuch in der Schule ab. Ilses Klasse wurde erneut ins Rathaus beordert. Diesmal standen große Säcke mit Kleidung an den Wänden. Die Schüler sollten die Sachen durchsehen und sie auf verschiedene Haufen sortieren: Männer, Frauen, Kinder, Schuhe. Es war gespenstisch. Die Schülerinnen und Schüler begannen zu sortieren und fragten sich, wo all die Sachen herkamen. Ilse machte sich schweigend an die Arbeit. Schnell war ihr klar, dass die Kleidungsstücke Juden gehört haben mussten, die man gezwungen hatte, ihre Wohnungen zu verlassen oder in Konzentrationslager gebracht hatte. Die Vorstellung war grauenvoll. Möglicherweise waren ihre Eltern unter diesen Menschen gewesen. Im Stillen betete sie, dass sie nichts finden möge, was ihr bekannt vorkäme. Nach einiger Zeit forderte man sie auf, auch die Taschen zu überprüfen, ob sich dort Geld oder vielleicht sogar Schmuck fände.

Eine Gruppe stimmte das „Horst-Wessel-Lied"* an, ein beliebtes SA-Marschlied, das davon kündete, dass alle Feinde der Nazis besiegt und der Sieg errungen werden würde. Ein paar warfen den Singenden missmutige Blicke zu.

Auf einmal rief Lore aus: „Schaut, was ich gefunden habe!" Alle hörten auf, zu arbeiten, und sahen neugierig in ihre Richtung. „Was ist denn? Was ist so aufregend? Hast du Geld oder Schmuck gefunden?" „Nein, nein, nur das Foto einer Familie. Was für Klamotten! Das sind bestimmt reiche Juden." Die meisten verloren das Interesse an Lores Fund. Enttäuscht von der Reaktion setzte sie noch einmal nach: „Da ist ein kleines Mädchen auf dem Foto und es sieht dir zum Verwechseln ähnlich, Ilse." „Wirklich?", fragte Ilse nach außen hin ganz ruhig, obwohl es in ihrem Inneren rumorte. „Lass mal sehen." Triumphierend reichte Lore ihr das Foto. „Siehst du, was ich meine, die Kleine ist dir wie aus dem Gesicht geschnitten, Ilse." Ilse betete innerlich: „Bitte, lass es nicht meine Familie sein!" Doch beim Blick auf das Bild erkannte sie sofort ihre Eltern mit einem Kleinkind – sie selbst im Alter von etwa zwei Jahren. Ihr rutschte das Herz in die Hose. Sie riss sich zusammen und sagte möglichst ungezwungen: „Nette Familie und die Kleine ist wirklich niedlich, aber so sehen viele Kinder in dem Alter aus." Ilse wollte das Foto in ihrer Tasche verschwinden lassen, aber Lore forderte sie laut auf: „Gib mir das Bild zurück, ich hab es gefunden!" „Warum willst du denn das Foto einer fremden Familie haben?", fragte Ilse. „Du sagst, dass das kleine Mädchen mir ähnlich sähe. Ich hab dir doch erzählt, dass all meine Sachen verbrannt sind, oder? Lass mir doch das Foto, sodass ich wenigstens ein Bild habe, das mir ähnlich sieht."

Lore zerrte Ilse das Foto aus der Hand. Es zerriss in der Mitte und fiel zu Boden. „Bitteschön", sagte sie gehässig, „da hast du deine Juden!" Ilse wagte nicht, das zerrissene Foto aufzuheben und noch mehr Aufmerksamkeit auf sich zu lenken. Alle machten sich wieder an die Arbeit. Es herrschte erneut Ruhe und Ordnung. Ilse blieb freiwillig länger, um die sortierte Kleidung und die Schuhe in die bereitstehenden Kisten zu verpacken. Endlich war sie allein. Schnell hob sie die beiden Teile des zerrissenen Fotos auf und steckte sie in die Tasche. Langsam ging ihr auf, was das Foto bedeutete: Ihre Eltern waren in ein Konzentrationslager gebracht worden. Was danach mit ihnen geschehen war, wusste sie nicht, und sie wollte es sich auch gar nicht ausmalen. Sobald sie mit der Arbeit fertig war, ging sie zu Onkel Rudolfs Praxis – heute aber nicht, um wie sonst zu helfen, sondern um sich für den Nachmittag zu entschuldigen. Rudolf Müller sah sofort, wie aufgelöst sie war, und schickte sie nach Hause.

Auf dem Nachhauseweg wanderten ihre Gedanken in verschiedene Richtungen. Sie dachte an Günther, der zur Armee eingezogen worden war. Er schrieb seiner Familie regelmäßig, durfte aber nicht verraten, an welcher Front er gerade kämpfte. „Vielleicht ist er ja auch gar nicht an der Front", dachte Ilse auf einmal. Vor ihrem inneren Auge sah sie eine fürchterliche Szene: Langsam schleppten sich ihre Eltern in einer langen Reihe alter, müder und krank aussehender Menschen voran, bis sie zu einem großen Tisch anlangten. Dort wurden sie von einem jungen Soldaten befragt. Wer war der Soldat? War es vielleicht Günther Müller? Entschied ein junger Mann wie Günther über die Zukunft ihrer Eltern? „Lass sie leben, lass sie leben!", dachte sie im Stillen. Nur mit großer Anstrengung schaffte sie es, die Bilder beiseite zu schieben. Sie wandte sich in ihren Gedanken Elli zu. Wo sie wohl gerade war? War ihr die Ausreise nach *Erez Israel* gelungen? Als sie das Haus der Müllers betrat, riss sie sich zusammen und begrüßte Grete und Liesel herzlich wie immer und fragte, ob sie ihre Hausaufgaben gemacht hätten. „Ja, wir sind schon fertig", sagte Grete, „lass uns was spielen." „Gerne, lass mich nur kurz meine Bücher weglegen." In ihrem Zimmer versteckte Ilse die beiden Teile des kostbaren Fotos. Irgendwie würde sie den Tag überstehen, bis sie Gelegenheit hatte, mit Rudolf und Maria Müller zu sprechen.

Nach dem Essen fragte Onkel Rudolf Ilse, ob es ihr besser gehe. Sie antwortete zögernd: „Ja und nein. Können wir uns nachher unterhalten?" Als der Tisch abgeräumt und die beiden jüngeren Mädchen im Bett waren, saßen Ilse, Maria und Rudolf um den Tisch. Ilse fasste sich ein Herz und erzählte von ihrem

Erlebnis beim Kleidersortieren. Sie zeigte ihnen das zerrissene Foto, auf dem ihre Eltern und sie selbst zu sehen waren. Dann sagte sie mit leiser, trauriger Stimme: „Ich habe Angst, dass meine Eltern nicht mehr leben. Ich fürchte, dass sie umgebracht worden sind. Man hört doch immer wieder von Konzentrationslagern, in die sie die Juden gebracht haben und aus denen niemand zurückkommt. Wie soll ich weiterleben, ohne Gewissheit zu haben?" Maria griff nach Ilses Hand. „Meine liebe Ilse, ich verstehe gut, dass es dir Angst macht, aber solange wir keine weiteren Beweise haben außer dem Foto, auf dem deine Eltern sind, solltest du nicht verzweifeln. Wir alle wissen um die Grausamkeit der Nazis und mit welcher Härte sie ihre selbsternannten Feinde bekämpfen. Jetzt, wo das Reich an so vielen Fronten kämpft, brauchen sie Kleidung für Soldaten und Zivilisten." „Hör zu, Ilse", schaltete Onkel Rudolf sich ein, „wir dürfen keine voreiligen Schlüsse ziehen. Wir dürfen die Hoffnung nicht aufgeben. Das würden deine Eltern nicht wollen. Ich weiß, wie schwierig es für dich ist, ein Doppelleben zu führen, aber du schlägst dich sehr tapfer. Um dir das Leben etwas leichter zu machen, schlage ich vor, dass du nicht mehr zur Schule gehst. Du machst sowieso bald Abitur und lernst nicht mehr viel Neues. Mein Vorschlag ist: Du arbeitest Vollzeit in meiner Praxis und im Krankenhaus. Durch den Krieg gegen die Sowjetunion steigt die Zahl der Verletzten ständig und deine Unterstützung ist kriegswichtig. Du kannst die Abiturprüfungen extern mitschreiben, das sollte kein Problem sein. Amerika ist bereits in den Krieg eingetreten und die Alliierten* bombardieren deutsche Städte. Ich kann dir außerdem ein paar meiner medizinischen Fachbücher geben, damit du deinen Traum weiter verfolgen und später Ärztin werden kannst. Auch dieser wahnsinnige Krieg wird irgendwann zu Ende gehen. Was hältst du von meinem Vorschlag?"

Nach kurzem Schweigen blickte Ilse Rudolf und Maria an, Tränen standen ihr in den Augen. „Ihr gebt mir einen Grund zu leben, sodass ich meine Gedanken auf etwas Positives richten kann. Wie kann ich euch nur jemals danken? Ja, ich nehme dein Angebot gerne an, Onkel Rudolf. Ich verspreche, dass ich fleißig lernen werde, sodass ihr stolz auf mich sein könnt." „Gut", sagte Maria, „dann gehe ich morgen zur Schule und sage Bescheid, dass deine Fähigkeiten gebraucht werden, um der deutschen Bevölkerung und den verwundeten Soldaten zu dienen. Was könnte patriotischer sein?", fügte sie mit einem verschwörerischen Lächeln hinzu. Sie umarmten sich und gingen schlafen.

Bald fand Ilse Bücher über Biologie, Anatomie und Physiologie in ihrem Zimmer. Immer, wenn sie Zeit hatte, las sie darin und machte sich Notizen. Sie verbrachte viel Zeit in der Arztpraxis und Onkel Rudolf stellte sie auch dem Personal im Krankenhaus vor. Mit der Zeit lernte sie, Spritzen zu setzen und verschiedene Geräte zu bedienen. Ihr Leben hatte einen neuen Sinn bekommen.

Der Krieg wütete weiter.

Kibbuz HaSchahar, 1943

Der Kibbuz war innerhalb von zwei Jahren von vierzig auf hundertfünfzig Mitglieder gewachsen, obwohl die Einwanderung aus Europa begrenzt war. Einige Menschen kamen als illegale Einwanderer mit Schiffen, andere flohen zu Fuß aus nordafrikanischen Ländern. Es schien, als ob die Arbeit im Kibbuz kein Ende nehmen würde. Sie pflanzten Obstgärten, legten Weinberge an und bestellten Kornfelder. Nach anderthalb Jahren bauten sie die ersten festen Gebäude, ein Haus für die Kinder, einen Speisesaal und ein paar Häuser für Mitglieder. Die meisten lebten jedoch weiterhin unverdrossen in Zelten und waren Hitze, Kälte und Regen ausgesetzt.

Elli mochte das Leben im Kibbuz sehr und engagierte sich in mehreren Komitees. Sie war in der Gruppe für Bildung und Kultur und in der Theatergruppe. Sie liebte Theaterspielen! Ihre Freizeit verbrachte sie vor allem damit, Bücher über Kindererziehung, Kinderpsychologie und Bildung zu lesen. Sie wollte gut vorbereitet sein, wenn es endlich soweit war, dass sie ihre Ausbildung zur Lehrerin beginnen konnte.

Der Krieg, der in Europa tobte, streckte seine hässlichen Arme auch bis in den Nahen Osten aus und versetzte die Bevölkerung von *Erez Israel* in Angst und Schrecken. Im Jahr 1941 hatte der deutsche Feldmarschall Erwin Rommel zu Beginn des sogenannten Afrikafeldzugs* drei Divisionen zur Unterstützung der Italiener nach Tripolis geführt, in der Hoffnung, dort Fuß zu fassen und erst Ägypten und dann die benachbarten Länder erobern zu können. Bei El-Alamein in Ägypten gab es 1942 zwei Schlachten, in denen Großbritannien mit Hilfe seiner Verbündeten gegen die Deutschen und Italiener kämpfte. Dabei kamen die Deutschen Palästina gefährlich nahe. In der Bevölkerung herrschte große Angst und Journalisten und Militärexperten spekulierten, wie lange es noch dauern könnte, bis die deutsche Wehrmacht in Palästina einmarschierte. In der zweiten Schlacht wurden Rommel und seine Truppen aber von den Alliierten geschlagen.

Immer mehr Juden aus *Erez Israel* schlossen sich der Britischen Armee an. 1942 richtete Großbritannien ein „Palästina-Regiment"* aus drei jüdischen und einem arabischen Bataillon ein. 1944 wurde dann in der Britischen Armee die „Jüdische Brigade"* gegründet, eine jüdische Einheit mit über 5000 Freiwilligen aus *Erez Israel* – Juden auf der ganzen Welt waren stolz darauf. Mittlerweile waren die nationalsozialistischen Pläne zur Vernichtung der Juden in der Welt kein Geheimnis mehr und die Mission der jüdischen Soldaten hatte zwei Ziele: den Sieg über das Deutsche Reich und die Rettung möglichst vieler Jüdinnen und Juden. Außerdem war der Militärdienst ein sehr gutes Training für die Verteidigung eines zukünftigen Staates Israel. Diese Soldaten würden später den Kern der israelischen Armee bilden.

Auch in *Erez Israel* wurden Lebensmittel und Gegenstände des täglichen Gebrauchs knapp – wie in allen anderen Ländern, die am Krieg beteiligt waren. Einschränkung wurde zum Lebensstil, aber die Menschen verloren die Hoffnung nicht. Für Elli war es eine Zeit des Erwachsenwerdens und sie machte sich Sorgen um Gina, ihre Eltern und die vielen Verwandten und Freunde, die sie in Europa zurückgelassen hatte. In ihrem Alltag erfuhr sie Zufriedenheit und Freude, sie schöpfte Kraft aus der stetig wachsenden Gemeinschaft und genoss das Beisammensein und Tanzen nach getaner Arbeit – aber die Freude war getrübt. Das Tagebuch, das sie vor so langer Zeit in Breslau bekommen hatte, war ihr bester Freund. Wann immer sie sich glücklich oder traurig fühlte, notierte sie ihre Gedanken.

Juli 1943

Es sind Tage des Krieges, Tage der Zerstörung und des Mordens. Aber wir sind so weit entfernt von den Geschehnissen in der Welt. Wir lesen Zeitung, wir hören Radio. In

Europa werden Juden zu Tausenden vernichtet. Juden werden ermordet – sind sie nicht unsere Brüder und Schwestern, Mütter und Väter? Und was tun wir? Wir lesen Zeitung, wir hören Radio.

Warum erheben wir nicht unsere Stimmen, warum lehnen wir uns nicht gegen diese fürchterlichen Taten auf?

Unser Leben ist ruhig und friedlich. Und wir – sind gleichgültig und ungerührt. In meinem Herzen ist Angst. Sind unsere Gefühle eingefroren, können wir das Ausmaß dieser Tragödie nicht erfassen? Oder sind wir vielleicht so zynisch, dass wir uns fragen, was unser Aufschrei bewirken sollte? Was können wir ändern? Welche Macht haben wir?

Vielleicht stimmt das, aber ich will, dass wir laut aufschreien! Ich möchte, dass wir unseren Schmerz heraus lassen! Unsere Treffen sollten voller Trauer sein – und Kraft. Voller Hass und Mut. Warum sollen wir immer denken und nicht fühlen?

Die Wirklichkeit ist bitter. Zu unserem großen Kummer gibt es wirklich sehr wenig, was wir tun können, uns sind die Hände gebunden. Aber lasst uns zumindest zeigen, dass wir am Leben sind und dass wir das Leid der Menschheit fühlen. Lasst uns unseren Schmerz und unsere Stärke zeigen! Denn ich fürchte, dass wir vergessen, dass wir Gefühle haben, und vielleicht vergessen wir auch, welche Kraft wir haben!

Es sind unruhige und chaotische Tage für die Menschheit. Zerstörung ist notwendig, damit neues Leben entstehen kann, schöner, bedeutsamer, befriedigender.

Und wenn unsere Verwandten, unsere geliebten Freunde getötet und zertrampelt werden, sind wir nicht ihre Erben? Wir müssen Zeugnis ablegen, wir, die davon wissen, wir müssen nicht nur unseren Platz im Leben finden, sondern wir müssen auch ihre Plätze füllen.

Uns werden furchteinflößende Verpflichtungen auferlegt.
Nein, ich sollte es nicht „Verpflichtungen" nennen, das Le-
ben fordert uns heraus, zu leben!
Aber warum ist das Leben hier dann so ruhig, so friedlich?
Kennen wir den Wert des Lebens, bevor wir auf die Probe ge-
stellt werden? Bevor wir bereit sind, unser Leben für andere
zu geben? Für das ewige Leben, das das Leben des Einzelnen
auffrisst zum Wohle der Menschheit.
Wir müssen stark sein. Wir müssen uns selbst treu bleiben
und dürfen uns nicht schämen. In freudigen Zeiten lasst uns
fröhlich sein, in qualvollen Zeiten – lasst uns Schmerz spü-
ren. Und gegen Unrecht und Ungerechtigkeit – lasst uns
aufstehen und rebellieren!

Elli war dankbar, dass ihre Familie in den USA sicher war, aber sie konnte die Nachrichten nicht verdrängen, die sie in den Briefen von Soldaten, Zeitungsberichten oder Radiosendungen aus Europa erreichten. „Wo ist Gina?", fragte sie sich oft. „Ist sie noch am Leben? Hat die deutsche Familie sie wirklich gerettet?" Nur Fragen, keine Antworten.

Elli freute sich über die stetig wachsende Zahl von Kindern allen Alters im Kibbuz und wartete darauf, dass sie ihre Ausbildung als Lehrerin beginnen konnte. Lange würde sie nicht mehr warten müssen! Einige der Pärchen bekamen Babys und einige der neuen Familien, die sich ihnen anschlossen, hatten bereits Kinder, die vier oder fünf Jahre alt waren. Ephraim hielt das Versprechen, das er Elli zu Anfang gegeben hatte, und schickte sie zu einem einjährigen Lehrerseminar, das von der Kibbuzbewegung finanziert wurde, um als Lehrerin für Kindergartenkinder und Erstklässler ausgebildet zu werden. Später sollte sie die Ausbildung zum Unterrichten älterer Kinder fortsetzen.

Es waren aufregende Zeiten für Elli. Sie war gut vorbereitet und widmete sich voller Enthusiasmus ihrem Studium. Sie behandelten nicht nur Theorie, sondern reisten auch zu bereits existierenden Schulen in Kibbuzim oder in verschiedenen Städten, um sich den Unterricht dort anzusehen, und diskutierten über Lehrplanentwicklung oder den Unterricht von Schülern mit besonderem Förderbedarf. An einigen Wochenenden fuhr Elli zu Besuch in ihren Kibbuz, um den Kontakt zu halten und von ihren Fortschritten zu berichten. Sie zählte die Kinder, die demnächst in den Kindergarten und die erste Klasse gehen konnten, und freute sich sehr, als sie hörte, dass sie ab Herbst eine Gruppe von acht Kindergartenkindern und sechs Erstklässlern unterrichten würde.

Kurz vor Abschluss ihrer Ausbildung traf Elli bei einem ihrer Besuche Orah, eine Freundin, die ihr einen Spaziergang vorschlug. Nach einiger Zeit sagte Orah: „Mach die Augen zu." Sie führte Elli vorsichtig noch ein Stück weiter und forderte sie dann auf, die Augen wieder zu öffnen. Vor sich sah Elli neben dem Haus für die Kinder ein weiteres Gebäude, das fast fertig war. „Das wird unser Schulhaus, Elli! Deine Klasse wird die erste sein, die dort Unterricht hat. *Masel tow!*" Elli schrie freudig auf und lief auf das Gebäude zu. Sie wanderte von Raum zu Raum, berührte die Wände, sah aus den Fenstern, bewunderte die fertigen Räume und war vor Freude schier überwältigt.

Sie schrieb an ihre Familie, um zu berichten, dass ihr Traum, Lehrerin zu werden, bald Wirklichkeit werden würde. Ihre Eltern antworteten ihr:

Liebste Elli,

wir haben nie daran gezweifelt, dass du Lehrerin werden würdest, so wie wir nie gezweifelt haben, dass du in Erez Israel leben würdest. Uns allen geht es gut. Leo ist inzwischen in Europa, wo er ein paar junge Soldaten aus Erez Israel getroffen hat. Er hat sich sehr gefreut, mit ihnen zu sprechen und sich über die militärische und politische Situation auszutauschen. Es war auch ein junger Mann aus deinem Kibbuz dabei und vielleicht wird sich Leo dir dort anschließen, wenn dieser schreckliche Krieg endlich vorbei ist.

Bei uns ist alles in Ordnung. Max geht auf die High School. Er lernt für sein Leben gern, aber ist sich noch nicht sicher, welche Richtung er einschlagen möchte. Unser Geschäft läuft gut, aber auch hier gibt es nicht alles zu kaufen und wir bekommen Lebensmittelmarken für bestimmte Produkte. Aber wir können nicht klagen, nur machen wir uns Sorgen um all unsere Verwandten in Europa. Wir sind bestürzt, dass Amerika es den Juden sogar jetzt noch so schwer macht, hierher zu kommen. Alles, was wir tun können, ist für ein baldiges Ende dieser Katastrophe zu beten.

Wir lieben dich,
Mama, Papa und Max

Wollnitz, Herbst 1944

Die Front rückte immer näher an Schlesien heran. Die deutschen Soldaten waren aufgrund der starken Angriffe der sowjetischen Armee zum Rückzug gezwungen und ließen Aberhunderte Tote auf den Schlachtfeldern zurück. Verwundete und kranke Soldaten strömten nach Ostdeutschland, auch nach Wollnitz. Dr. Müller und Ilse arbeiteten oft bis spät in die Nacht, um sich um sie zu kümmern. Sie fragten nie, wo sie gekämpft hatten, oder ob sie NSDAP-Mitglied waren, in diesem Moment zählte vor allem eines: Sie waren verletzt und krank und brauchten Hilfe. Ilse fragte sich aber trotzdem immer wieder, wo die Soldaten gewesen waren. Hatten sie ihre Eltern, ihre Familie umgebracht? Was würden sie tun, wenn sie um ihre wahre Identität wüssten? Dann rief sie sich wieder den Hippokratischen Eid ins Gedächtnis – auch wenn sie noch keine Ärztin war –, der zur Behandlung von Kranken und Verletzten verpflichtete, unabhängig von ihrer Person. Je mehr sie sich mit Medizin beschäftigte, desto klarer wurde ihr, dass sie diesen Weg in Zukunft einschlagen wollte.

Während der letzten Monate war Deutschland schonungslos von den Alliierten bombardiert worden, viele Gebäude waren zerstört und Tausende Zivilisten verletzt und getötet worden. Die sowjetischen Truppen rückten von Osten vor und besetzten Polen. Es war nur eine Frage der Zeit, wann sie Wollnitz und Breslau erreichen würden.

Im Januar 1945 rollten sowjetische Panzer durch die Stadt. Niemand wusste, was als Nächstes geschehen würde. Die Menschen hatten Angst. In Windeseile verbreitete sich das Gerücht, dass die Russen alle Deutschen vertreiben würden. Tausende flohen nach Westen. Ilse entschied, dass der Zeitpunkt gekommen war, um offen mit der ganzen Familie Müller zu reden. Beim Abendessen begann sie: „Was ich euch jetzt erzählen werde, ist nur für euch neu, Grete und Liesel. Ich heiße nicht Ilse, sondern Regina Wolf, mein Spitzname ist Gina. Ich bin ein jüdisches Mädchen, dem eure wundervollen Eltern geholfen haben. Sie sind ein großes Risiko eingegangen, als sie vorgaben, dass ich ihre Nichte sei, um mich vor der Inhaftierung und wahrscheinlich auch dem Tod zu retten. Eure Eltern haben meine Eltern vor vielen Jahren in Breslau kennengelernt, als euer Vater an der

Universität studierte, wo mein Vater unterrichtete. Als meine Eltern verzweifelt nach einer Möglichkeit zur Flucht aus Deutschland suchten, fanden sie kein Land, das uns aufnehmen wollte. Also schickten sie mich zu euch nach Wollnitz, ich sollte bei euch leben, und sie fuhren ohne mich fort, vermutlich Richtung Holland. Eure Eltern haben angeboten, mich aufzunehmen und zu retten – komme was wolle. Dafür werde ich ewig dankbar sein. Nun bin ich an der Reihe, mich zu revanchieren. Sobald ich weiß, wo die Russen ihre Kommandozentrale einrichten, werde ich dort hingehen und ihnen erzählen, was ihr getan habt, um mich – ein jüdisches Mädchen – zu retten, trotz aller Gefahren. Onkel Rudolf, Tante Maria – ich hoffe, dass ich euch auch weiter so nennen darf –, ich bin mir sicher, dass ihr nicht gezwungen werdet, die Stadt zu verlassen. Du bist schließlich Arzt, Onkel Rudolf, und wirst hier gebraucht!" Nach dieser Enthüllung folgte Schweigen, aber Grete und Liesel erholten sich bald von der unerwarteten Neuigkeit, umarmten Gina und riefen: „Du wirst für immer unsere Cousine sein. Vielleicht sollten wir dich als Schwester adoptieren!" Die Eltern lachten und wandten sich liebevoll an Gina. Maria Müller sagte: „Ilse, du bist inzwischen ein Teil unserer Familie. Es war bemerkenswert, dir dabei zuzusehen, wie du von einer ängstlichen Fünfzehnjährigen zu einer reifen, jungen Frau herangewachsen bist. Während all dieser Jahre, als du dir Sorgen um deine Eltern machtest, hast du es nicht nur geschafft, ein perfektes Doppelleben zu führen, sondern hast dich auch unglaublich entwickelt …" Onkel Rudolf fügte hinzu: „Du hast sehr viel gelernt und große Fortschritte gemacht. Wenn der Krieg vorbei ist, werde ich dir dein medizinisches Fachwissen bescheinigen, sodass du überall problemlos einen Studienplatz für Medizin bekommst." Gina lächelte und bat: „Bitte nennt

135

mich von jetzt an Gina. Endlich muss ich nicht mehr so tun, als ob ich jemand wäre, der ich nicht bin, und ich muss auch keine Angst mehr haben."

Zwei Tage später ging Gina zu dem Gebäude, das die Russen besetzt und zu ihrer Kommandozentrale gemacht hatten. Ohne Angst betrat Gina den Raum, der als Büro diente, und bat darum, jemanden sprechen zu dürfen, der Deutsch konnte. Kurz darauf stellte man ihr zu ihrer Überraschung Hauptmann Maxim Silberstein vor. Gina sprach sehr langsam und deutlich und brachte ihre Geschichte und Bitte vor. Sie erzählte ihm, dass ihre Eltern sie nach Wollnitz geschickt hatten, um bei Familie Müller unterzutauchen, wie sie dank der Unterstützung der Müllers den Krieg überlebt hatte, weil sie sie – ein jüdisches Mädchen – geschützt hatten. Der sowjetische Hauptmann hörte ihr aufmerksam zu und nickte ab und zu. Gina fragte sich, ob er sie verstand. Als sie fertig war, schenkte Hauptmann Silberstein ihr ein breites Lächeln und sprach dann langsam und deutlich – genau wie Gina zuvor –, aber nicht auf Deutsch, sondern in seinem besten Jiddisch*. Er gab ihr zu verstehen, dass er ihre Geschichte und Bitte verstanden habe. In ihrer Kindheit hatte sie nur ab und zu Jiddisch gehört, aber auch nach all den Jahren begriff sie den Sinn seiner Worte ohne Probleme. Er sagte, dass er sein Möglichstes tun werde, um Familie Müller eine Vertreibung zu ersparen. Gina freute sich sehr, einen anderen Menschen jüdischen Glaubens zu treffen, der noch dazu sein Leben riskiert hatte, um gegen die deutsche Wehrmacht zu kämpfen. Sie strahlte, als Hauptmann Silberstein einen Sekretär rief, der eine formelle Erklärung aufsetzte, die es der Familie Müller erlauben würde, zu bleiben, und Dr. Rudolf Müller, seine Arbeit in der Praxis und im Krankenhaus fortzusetzen.

Als Gina sich bereits verabschiedet hatte, lächelte Hauptmann Silberstein plötzlich und sagte auf Hebräisch: „*Schalom al Israel*" (Frieden für Israel). Überrascht antwortete Gina mit Tränen in den Augen: „*Schalom al Israel w'kol ha'olam*" (Frieden für Israel und die ganze Welt). Es war das erste Mal, seitdem sie Breslau vor sechs Jahren verlassen hatte, dass sie Hebräisch hören oder sprechen konnte. Sie hielt die Genehmigung fest in Händen, nickte Hauptmann Silberstein zu und machte sich eilig auf den Weg zum Haus der Müllers. Regina Wolfs Leben hatte sich nun ein weiteres Mal völlig geändert: Sie musste nicht länger so tun, als ob sie jemand anders sei und brauchte keine Angst mehr zu haben, dass sie das Leben der Müllers gefährden könnte. Endlich konnte Gina auch etwas für sie tun. Es machte sie sehr froh, dass sie sich zumindest im Kleinen für die Großherzigkeit erkenntlich zeigen konnte, indem sie ihnen die Genehmigung besorgt hatte, in ihrem Haus bleiben zu dürfen – solange sie unter sowjetischer Besatzung leben wollten.

Frühjahr 1945

Während der letzten Kriegsmonate halfen jüdische Soldaten, die in der amerikanischen oder britischen Armee dienten, den ziellos herumwandernden Juden, die sie unterwegs trafen, mit Essen, Armeedecken und Zigaretten. Wann immer es möglich war, schmuggelten sie sie in LKWs über die Grenze und erklärten ihnen den Weg zu den Häfen in Italien, von wo sie versuchen konnten, nach *Erez Israel* zu kommen. Die Alliierten rückten immer weiter vor und waren dabei von der bloßen Zahl der Konzentrations- und Arbeitslager überwältigt. Sie fanden Baracken mit hunderten oder tausenden hungernder Überlebender. Der Zustand der Menschen war katastrophal. Vor sich sahen sie die

Folgen der von Hitler und seinen willigen Vollstreckern geplanten „Endlösung der Judenfrage"*. Nach der Befreiung stellte sich die große Frage, was mit den Menschen geschehen sollte. Wie konnte man ihnen helfen? Wo konnte man sie unterbringen? In vielen deutschen Städten, aber auch in Italien, Österreich und Frankreich richtete man sogenannte *Displaced Persons*-Lager*, kurz DP-Lager, ein. Häufig funktionierte man ehemalige Kasernen für die Tausenden befreiter Juden, die wieder zu Kräften kommen und zumindest einen Hoffnungsschimmer für die Zukunft erblicken sollten, zu Lagern um.

Internationale Organisationen und jüdische Gruppen aus der ganzen Welt engagierten sich. Die *UNRA**, die *Nothilfe- und Wiederaufbauverwaltung der Vereinten Nationen**, wurde gegründet und übernahm die Verantwortung für die Einrichtung von Lagern. Vertreter des *American Joint Distribution Committee** und von *HIAS** meldeten sich und halfen bei der Versorgung der Überlebenden. Die *Zionistische Weltorganisation* und die *Jewish Agency**, die die Jüdinnen und Juden in *Erez Israel* repräsentierte, sowie Soldaten aus der Jüdischen Brigade oder jüdische Soldaten aus Amerika oder Großbritannien – sie alle versuchten so gut wie möglich zu helfen. Das Hauptproblem war: Welche Länder würden nun bereit sein, die obdachlosen Überlebenden aufzunehmen und ihnen eine neue Heimat anzubieten? Schon vor dem Krieg waren die meisten Staaten nicht sehr großzügig gewesen, als es darum ging, Menschen aufzunehmen, die versuchten, der ihnen drohenden Hölle zu entkommen – daran hatte sich nicht viel geändert.

Die Überlebenden, die in ihre früheren Heimatstädte zurückkehren wollten, fanden dort nichts als Enttäuschung und Schmerz. Wenn sie Glück hatten und ihr Haus noch stand, dann wohnten dort inzwischen Fremde, die es zu ihrem Eigentum erklärt hatten. Die DP-Lager wurden für viele Jahre ihr Zuhause. Für manche wurde der Wille zum Leben nach der durchlittenen Hölle zu einer starken, positiven Kraft: Überlebende verliebten sich, heirateten und bekamen Kinder. Berufsschulen wurden eingerichtet, die den Überlebenden viele praktische Fertigkeiten vermitteln sollten, die ihnen zukünftig hilfreich sein würden. Menschen, die studieren wollten, konnten sich an nahe gelegenen Universitäten einschreiben. Es war ein einzigartiger Mikrokosmos, der dadurch entstand, dass die Menschen so lange Härte und Tod ausgesetzt gewesen waren. Viele hatten keine Wurzeln mehr und warteten auf ein Wunder, das sie aus der Tiefe emporheben würde. Hitler war tot, aber die Samen von Elend und Tod, die er gesät hatte, sprossen in den Köpfen und Seelen vieler Entwurzelter. Die Suche und Sehnsucht nach Familienmitgliedern und Freunden beschäftigte die Überlebenden sehr. Es würde lange dauern, bis die Menschen wieder körperliche und mentale Gesundheit erlangten.

Insgesamt verloren über sechs Millionen jüdische Menschen durch die Massenvernichtung der Nationalsozialisten oder durch Hunger und Erschöpfung ihr Leben. Nach dem Krieg befanden sich ungefähr sieben Millionen *Displaced Persons* auf dem Gebiet des ehemaligen Deutschen Reiches.

Erez Israel, Mai 1945

Der Krieg war endlich vorbei! Die Jüdinnen und Juden in *Erez Israel* verfolgten die Nachrichten mit großem Interesse und voller Erwartung. Angesichts des unvorstellbaren Grauens und der Ermordung von Millionen von Männern, Frauen und Kindern wuchs die Entschlossenheit, eine Heimstätte für die

Überlebenden zu schaffen, und wurde fast zur Besessenheit. Wir müssen unsere Überlebenden in unser eigenes Land bringen! Vertreter aus *Erez Israel* besuchten die DP-Lager und gründeten dort zionistische Gruppen, unterrichteten Hebräisch und Geschichte und warben dafür, die Auswanderung zu wagen. Auch David Ben-Gurion*, der spätere, erste Premierminister Israels, reiste nach Europa, um die Menschen in den Lagern zu besuchen.

Die Welt veränderte sich aber sonst nicht sehr. Mitleid mit den Überlebenden, die einen Ort suchten, den sie „Heimat" nennen konnten, war rar. Auch Großbritannien lockerte die Beschränkungen für die Einreise nach Palästina nicht. Es blieb nur eine Möglichkeit: Die Menschen mussten illegal einreisen! Viele Schiffe, manchmal alt und eigentlich zu unsicher für die Überfahrt, machten sich auf den Weg über das Mittelmeer. Zu dieser Zeit erhielt Elli einen Brief von ihrem Bruder Leo.

Liebe Elli,
endlich komme ich dazu, dir zu schreiben. Ich weiß, dass Mama und Papa dir immer von mir berichtet haben, aber mir ist etwas ganz Wunderbares passiert und davon muss ich dir selbst erzählen. Meine Einheit ist gerade in Italien stationiert und stell dir vor, ich habe ein paar Soldaten getroffen, die in der Jüdischen Brigade dienen! Es war großartig, Hebräisch mit ihnen zu sprechen und Geschichten über das Land zu hören, in dem meine kleine Schwester lebt. Aber nicht nur das: Ich habe Jehuda und Assaf aus deinem Kibbuz getroffen! Sie waren voll des Lobes für dich, was du für eine Bereicherung seist, immer bereit, mitzupacken, wo immer Hilfe gerade nötig sei. Sie sagten mir auch, dass du inzwischen unterrichtest. Ich kann mich noch erinnern, dass du mich immer

korrigiert hast, wenn ich einen Fehler gemacht habe, und wie der kleine Max mit dir „Schule" spielen musste. Ich bin sehr stolz auf dich!

Das Aufregendste aber ist: Jehuda und Assaf fahren Lastwagen für die Armee. Sie haben mich eingeweiht und mir erzählt, dass sie Juden getroffen haben, die sich während des Krieges versteckt hielten, einige haben bei den Partisanen gekämpft. Um ihnen zu helfen, Erez Israel zu erreichen, haben sie sie nachts zu einem italienischen Hafen gebracht, wo Schiffe, die die Haganah* gekauft hatte, auf sie warteten. Was für ein großartiges Unterfangen!

Wir treffen immer wieder Überlebende, deren Ziel es ist, in Erez Israel zu leben, und unsere Soldaten wollen ihnen unbedingt dabei helfen. Als ich fragte, was ich tun könne, bekam ich die einfache Antwort: „Wir brauchen warme Jacken, Decken und Essen." Du kannst dir gar nicht vorstellen, wie begeistert ich war! Einer meiner jüdischen Freunde in der Einheit ist Quartiermeister und für die Vorräte verantwortlich. Sehr gerne hilft er unseren Brüdern und Schwestern, die so viel gelitten haben. Ich weiß, dass man im Judentum nichts nehmen soll, was einem nicht gehört, aber ich verstehe die Hilfe für Hilfsbedürftige als Mizwa*. Ich habe das Gefühl, dass ich Gutes tue, wenn ich denen helfe, die so viel erlitten haben – durch Hitler und die Nationalsozialisten, die Vergnügen daran hatten, Juden zu töten!

Elli, die Soldaten haben mich sehr inspiriert und ich weiß, dass ich in unserem Heimatland leben will, wenn der Krieg vorbei ist. Natürlich hoffe ich, dass unsere Eltern und Max sich uns auch anschließen werden.

Bis dahin: Mach weiter mit deiner großartigen Arbeit!

Alles Liebe,

Leo

Elli freute sich sehr über Leos Brief. Was für ein Zufall, dass er tatsächlich Mitglieder ihres Kibbuz in Italien getroffen hatte! Sie war sehr stolz, dass Leo half, Überlebende nach *Erez Israel* zu bringen und konnte seine Rechtfertigung, Sachen der Armee zu entwenden, um ihnen zu helfen, gut verstehen. Menschenleben waren wichtiger als alles andere!

Kapitel 11

Wollnitz, Sommer 1945

Nun da der Krieg vorbei war, wurde Gina unruhig und überlegte, wie sie mehr über den Verbleib ihrer Eltern herausfinden könnte. Sie wollte nach Breslau fahren, aber Onkel Rudolf hielt sie davon ab. „Aber was ist, wenn meine Eltern mich dort suchen?", fragte Gina weinend. Onkel Rudolf erinnerte sie daran, was sie im Radio gehört und in der Zeitung gelesen hatten. Laut offizieller Angaben war Breslau stark zerstört worden, es war kurz vor Kriegsende bombardiert worden und die Rote Armee* hatte beim Vormarsch ganze Straßenzüge im Süden der Stadt in Schutt und Asche gelegt. Inzwischen stand die Stadt unter polnischer Verwaltung und es schien unwahrscheinlich, dass ehemalige Bewohner in die Stadt zurückkehren würden. Das einzige, was Gina tun konnte, war, den Internationalen Suchdienst* und jüdische Organisationen zu kontaktieren, die sich um Überlebende in DP-Lagern kümmerten. Davon gab es viele, allerdings alle in den westlichen Besatzungszonen*. Nachdem Gina an verschiedene Einrichtungen geschrieben, aber nie eine Antwort bekommen hatte, beschloss sie, zu einem der nächsten DP-Lager zu fahren, obwohl Onkel Rudolf und Tante Maria ihr davon abrieten. Aber Gina konnte nicht länger warten, sie hatte das Gefühl, dass es schlimmer war, nichts über das Schicksal ihrer Eltern zu wissen, als sicher zu sein, dass sie umgebracht worden waren. Sie versicherte den Müllers, dass sie sich regelmäßig melden und Bescheid sagen würde, wann sie wieder zurückkäme.

Als sie das DP-Lager erreichte, war sie schockiert und völlig überfordert. So viele Menschen jeden Alters! Die meisten waren so unterernährt, dass sie wie Gerippe aussahen, die Kleidung, die sie trugen, passte ihnen nicht und war offensichtlich von Organisationen aus Übersee gespendet worden. Einige wanderten ziellos umher, als ob sie auf der Suche nach einem Wegweiser seien.

Man führte sie zum Leiter des Lagers und Gina fragte aufgeregt nach ihren Eltern. Seine Antwort war leider nicht sehr hilfreich: „Sehen Sie, junge Dame, ich verstehe, dass Sie mehr über Ihre Eltern herausfinden möchten, aber hier leben über 2000 Menschen und wir haben es noch nicht geschafft, alle zu registrieren. Außerdem herrscht ein Kommen und Gehen, ständig kommen neue Leute, die nach ihren Verwandten fragen, es ist schwierig, das alles korrekt zu dokumentieren. Es wird sehr lange dauern, bis wir überhaupt daran denken können, zu untersuchen, was genau in den Konzentrationslagern vorgefallen ist." „Und was soll ich Ihrer Meinung nach tun?", fragte Gina verzweifelt. Sie bekam keine Antwort. Niedergeschlagen verließ sie das Lager, setze sich an den Bahnhof und dachte nach. Sie wollte nicht unverrichteter Dinge nach Wollnitz zurückkehren, sie musste die Suche fortsetzen. Daher beschloss sie, nach Berlin zu fahren, wo alle vier Siegermächte* in den jeweiligen Besatzungszonen vertreten waren. Vielleicht waren die Büros dort besser organisiert!

In Berlin sagte man ihr, dass es ein gemeinsames Haus gäbe, in dem die verschiedenen jüdischen Organisationen ihre Büros hätten und zusammenarbeiteten. Auf dem Weg dorthin lief sie durch Straßenzüge voller Trümmer, zerstört durch die Luftangriffe der Alliierten. Aufgerissene Häuser gähnten sie an und sie kam auf den kaputten Gehwegen und Straßen nur langsam voran. Einerseits war ihr klar, dass die Bombardierungen notwendig gewesen waren, um den Krieg zu gewinnen, andererseits war sie entsetzt darüber, wie viele Menschenleben die Bomben gekostet haben mussten.

Gina betrat das Bürogebäude und sah, dass die jüdischen Organisationen ihren Sitz alle im dritten Stock hatten. Die erste Tür führte zu *HIAS*. Dort sah sie sich einem freundlichen, älteren Mann gegenüber, der sie aufforderte einzutreten und sich zu setzen. „Ich heiße Daniel. Wie kann ich dir helfen?" Gina war froh, dass Daniel Deutsch sprach, und sagte: „Ich versuche Informationen über das Schicksal meiner Eltern zu finden." „Es tut mir leid, aber dafür sind wir nicht zuständig. Wir helfen Überlebenden, die auf der Suche nach einem neuen Wohnort sind oder in andere Länder auswandern wollen. Außerdem glaube ich, dass es noch zu früh ist, um Genaueres über das Schicksal von Überlebenden zu erfahren. Tut mir leid, dass ich dir nicht helfen kann." Gina verabschiedete sich und klopfte als nächstes an eine Tür mit der Aufschrift *„American Jewish Joint Distribution Committee"**. Erneut war die Antwort nicht ermutigend. Es gebe noch keine verlässlichen Listen mit Personen und die, die sie hätten, seien unvollständig und nicht zuverlässig.

Ihr blieb noch eine Tür, ein letzter Versuch und Hoffnungsschimmer. An der Tür stand *„Sochnut – Jewish Agency"**. Sie klopfte und wurde auf Deutsch mit einem lauten *„Schalom, komm herein"* begrüßt. Hinter dem Schreibtisch saß eine junge Frau, die sich als Ruth vorstellte. Sie sprach zwar fließend Deutsch, aber Gina hatte das Gefühl, dass ihr Hebräisch leichter fiel. Gina erzählte ein weiteres Mal von der Suche nach ihren Eltern und wann sie sie zuletzt gesehen hatte. „Hast du noch mal von deinen Eltern gehört, nachdem sie dich in Breslau zum Bahnhof gebracht haben? Du sagtest, das war 1939, richtig?"

Gina antwortete langsam und versuchte, die Tränen zu unterdrücken. „Das ging nicht. Wenn sie an Familie Müller geschrieben hätten, als deren Nichte Ilse ich lebte, hätten sie nicht nur mich, sondern auch die Familie in große Gefahr gebracht." Ruth erklärte ihr, dass es sehr lange dauern würde, bis genaue Listen zusammengestellt und veröffentlicht würden. In einigen Fällen würde das Schicksal Einzelner vielleicht nie enthüllt werden. „Ich will dich nicht entmutigen, Gina, aber es ist anzunehmen, dass deine Eltern alles unternommen hätten, um mit dir Kontakt aufzunehmen, wenn sie überlebt hätten, oder? Du bist ihr einziges Kind. Lass mich sehen, ob ich dir irgendwie anders helfen kann. Hast du sonst noch andere lebende Verwandte?" Gina schüttelte traurig den Kopf und sagte leise mit zitternder Stimme: „Nein, die einzigen Menschen, denen an mir liegt, sind die Müllers. Sie hatten den Mut, mich bei sich aufzunehmen und haben akzeptiert, dass ich Jüdin bin. Ich liebe sie, aber ich will unter meinesgleichen leben, ich möchte ein jüdisches Leben leben. Und meine beste Freundin Elli aus Schulzeiten ist noch vor dem Krieg nach *Erez Israel* ausgewandert. Sie fehlt mir sehr."

„Gina, wir werden alles in unserer Macht Stehende tun, um dir zu helfen. Kannst du mir vielleicht mehr über deine Freundin Elli erzählen? War sie auch jüdisch?" Bei dieser Frage hellte sich Ginas Gesicht auf, ihre Stimme klang sicherer, als sie antwortete: „Natürlich, wir haben uns an unserem ersten gemeinsamen Schultag in der jüdischen Schule kennengelernt. Damals haben wir uns versprochen, dass wir für immer beste Freundinnen sein werden. Aber ..." „Was ist dann passiert?" Gina schloss die Augen, atmete tief ein und begann, ihre Geschichte zu erzählen. „Wir waren allerbeste Freundinnen, gehörten zur selben zionistischen Jugendgruppe und hatten uns versprochen, dass wir immer zusammen bleiben würden. Aber als Hitler an die Macht kam, veränderte sich unser Leben. Elli beschloss, nach *Erez Israel* zu gehen. Sie wollte, dass ich mitkomme, aber wir waren noch Kinder, meine Eltern hätten es nie erlaubt. An ihrem fünfzehnten Geburtstag machte Elli sich auf dem Weg zu einem Vorbereitungslager für die Jugend-*Alijah*. Damals kamen meine Eltern auf die Idee, dass ich bei Familie Müller untertauchen könnte. Sie glaubten wahrscheinlich, dass es gut sein würde, wenn wir uns trennten, ich in Deutschland sicherer sei, und sie mich leichter wiederfinden würden. Als Elli zurückkam, war ich nicht mehr in Breslau. Seitdem habe ich nichts mehr von ihr gehört. Ich vermute, dass sie im März 1939 nach *Erez Israel* ausgereist ist. Auch wenn ich ihr vom Plan meiner Eltern erzählt hatte, konnten wir doch keinen Kontakt haben. Sie hatte versprochen, dass Geheimnis für sich zu behalten, und selbst wenn sie mir hätte schreiben wollen, hielt sie sich doch an ihr Versprechen, keinen Kontakt mit mir aufzunehmen." „Wie lautet denn Ellis ganzer Name?" „Sie heißt Elischeva Cohen." Einen Moment sagte niemand etwas. In Ginas Gesicht machte sich Enttäuschung breit.

„Gina", sagte Ruth sanft, „ich weiß, wie schwer es ist, dass du nichts über den Verbleib deiner Eltern weißt. Es ist möglich, dass sie noch am Leben sind. Es ist aber auch möglich, dass sie ums Leben gekommen sind – in einem Lager oder auf der Flucht. Aber was haben sie für ein Opfer gebracht! Sie wollten sicher gehen, dass du dein Leben noch vor dir hast. Ich verspreche dir, dass wir alle Hebel in Bewegung setzen werden, um mehr über deine Eltern herauszufinden, sodass du so um sie trauern kannst, wie sie es verdienen. Das wird einige Zeit dauern, vielleicht Jahre. Wenn du ihnen deinen Respekt erweisen willst, musst du dich dafür entscheiden, ein sinnvolles Leben zu leben. Du musst dir überlegen, was du tun möchtest. Sag mal, Gina, wenn es uns gelänge, Elli in *Erez Israel* zu finden, würdest du auch dorthin fahren wollen?" Tränen rannen Gina übers Gesicht und sie antwortete mit leiser Stimme: „Ich muss über so vieles nachdenken. Es ist hart zu akzeptieren, dass ich meine Eltern nie wiedersehen werde. Ob ich zu Elli fahren will? Die Antwort ist ein vorsichtiges Ja. Es sind so viele Jahre vergangen, wir haben uns verändert. Aber ja, vielleicht ist das der richtige Weg. Bist du sicher, dass du Elischeva Cohen finden kannst?" „Ja, Gina, das kann ich dir versprechen. Wir haben genaue Aufzeichnungen über die Jugendlichen, die sich der Jugend-*Alijah* angeschlossen haben. Du musst für dich eine Entscheidung treffen."

In Ginas Kopf jagten sich die Gedanken, es war extrem schwierig, eine Entscheidung zu treffen, aber sie wusste, dass sie handeln musste, damit ihr Leben weitergehen konnte. Sie erinnerte sich an den Rabbi, der an *Rosch ha-Schanah* aus der Torah zitiert hatte: „Leh L'ha – gehe fort", und auch ihre beste Freundin Elli hatte sich darauf bezogen. Sie hatte argumentiert, dass Abraham auf Gottes Gebot gehört habe, aus „dem Vaterlande, der Freundschaft und des Vaters Haus" fortzugehen. Für Elli hatte „gehe fort" die Auswanderung nach *Erez Israel* bedeutet. Aber hieß es vielleicht auch einfach, dass man sein Leben selbst in die Hand nehmen musste? Sie wusste, dass es jetzt an ihr war, ihren eigenen Weg zu gehen. Sie antwortete Ruth mit tränenüberströmtem Gesicht: „Selbst wenn es euch gelänge, Elli zu finden, bin ich mir nicht sicher, ob ich Europa verlassen und in *Erez Israel* leben kann. Noch nicht. Vielleicht kann ich hier noch mehr über meine Eltern herausfinden. Vielleicht finde ich Menschen, die sie gesehen, getroffen oder mit ihnen gesprochen haben. Ich möchte weiter nach meinen Eltern suchen. Und was Elli angeht: In meinem Herzen und in meiner Erinnerung liebe ich sie noch immer und bin mir sicher, dass sie auch mich liebt. Aber es sind so viele Jahre vergangen. Unsere Erfahrungen sind so unterschiedlich. Ich bin mir nicht sicher." Ruth hörte Gina aufmerksam zu. Dann sagte sie: „Gina, wenn du nicht bereit bist, nach *Erez Israel* zu gehen, was möchtest du dann tun? Du sagtest, dass du wieder als Jüdin unter Juden leben möchtest. Woran hast du da gedacht?"

Gina hob den Kopf, sah Ruth an und sagte dann ruhig und entschlossen: „Ich war in einem DP-Lager. Ich habe die Gesichter der Überlebenden und ihre ausgemergelten, halb verhungerten Körper gesehen. Ich weiß, dass diese Menschen – meine Brüder und Schwestern – an physischen und psychischen Krankheiten leiden. Sie brauchen Hilfe. Ich möchte Ärztin werden. Rudolf Müller, der mich in seine Familie aufgenommen hat, ist Arzt. Als der Krieg begann, habe ich meine Hilfe angeboten. Er hat mir viele medizinische Dinge beigebracht. Bitte hilf mir, Arbeit in einem DP-Lager zu finden. Vielleicht kann ich sogar gleichzeitig mit dem Medizinstudium beginnen. Das ist es, was ich jetzt machen möchte."

Ruth sah Gina überrascht an. „Du stellst mich vor eine echte Herausforderung, aber ich bin mir sicher, dass wir das hinbekommen. Warum auch nicht? Wir brauchen Menschen, die unsere Überlebenden hingebungsvoll gesund pflegen. Es wird ein paar Tage dauern, das zu organisieren. Währenddessen kannst du bei mir bleiben, ich habe ein freies Zimmer. Du musst dich allerdings darauf einstellen, dass es nicht leicht sein und du immer wieder Enttäuschungen erleben wirst. Vielleicht wirst du auch zweifeln, ob du die richtige Entscheidung getroffen hast. Aber wir werden es versuchen. Und *Erez Israel* und Elli werden immer auf dich warten. Komm, lass uns Mittag essen und anschließend mache ich ein paar Anrufe."

Für Regina Wolf würde bald ein neues Leben beginnen. Es fühlte sich an, als ob sie endlich wieder richtig Luft bekäme und den Menschen ohne Angst in die Augen sehen könnte. Furcht und Lüge, die sie die letzten sechs Jahre ständig begleitet hatten, gehörten der Vergangenheit an. Sie brauchte keine Angst mehr zu haben, dass jemand herausfand, dass sie Jüdin war, sie musste sich keine Sorgen machen, dass sie die Müllers, die sie so liebevoll aufgenommen und beschützt hatten, in Gefahr brachte. Gina vertraute ihrer neuen Bekannten Ruth und betete, dass ihre Bemühungen Erfolg haben würden. Nach dem Mittagessen in einer nahegelegenen Kantine gingen Ruth und Gina zurück ins Büro. Sie saßen sich am Schreibtisch gegenüber und Ruth griff nach Papier und Stiften. „Lass uns gemeinsam beginnen, versuche aufzuschreiben, was deine Prioritäten sind und welche Informationen wir brauchen, um die Auswahl einzugrenzen. Glaubst du, dass dir das hilft?" Gina nickte. „Ich erzähle dir, was ich machen möchte, und dann sehen wir, ob und wo das möglich ist." „Na, dann los, Gina. Sprich langsam, damit ich gut mitschreiben kann. Wenn wir die Punkte gesammelt haben, versuchen wir anschließend, sie nach Wichtigkeit zu ordnen."

Gina lehnte sich zurück und schloss für einen Moment die Augen, dann begann sie mit leiser, aber entschiedener Stimme zu sprechen: „Ich möchte für einige Zeit in einem DP-Lager arbeiten. Ich will versuchen, denen zu helfen, die während des Krieges gelitten haben, so gut ich kann. Ich möchte verstehen, woher sie die Kraft hatten, weiterzumachen, und was es für ihre Leben bedeutet hat. Ich habe meine wahre Identität verleugnet und mir Sorgen um meine Eltern gemacht, aber das ist nichts im Vergleich zu den Grausamkeiten, denen die Überlebenden sich jeden Tag gegenübersahen. Ich hatte ein Zuhause und eine Familie, auch wenn es nicht meine eigene war, ich konnte meine Ausbildung fortsetzen. Ich möchte Ärztin werden und den Menschen helfen. Außerdem will ich mein Hebräisch und das Wissen über unsere Tradition und Geschichte verbessern. Wer weiß, vielleicht werde ich ja doch noch irgendwann in unserer Heimat leben? Auf jeden Fall möchte ich erfahren, wie es meiner besten Freundin Elli geht. Niemals werde ich die Suche nach meinen Eltern aufgeben, das ist das Wichtigste, ich werde versuchen, herauszufinden, was ihnen widerfahren ist." Gina schwieg. Die Stille verband die beiden Frauen wie ein unsichtbares Band.

Ruth sah von dem Block auf, auf dem sie schnell mitgeschrieben hatte, während Gina sprach. „In Ordnung", begann sie, „wir werden folgendermaßen vorgehen: Du möchtest Ärztin werden und in einem DP-Lager arbeiten. Wir müssen also zuerst ein Lager finden, das dich nimmt, und in dessen Nähe eine Stadt mit einer guten medizinischen Fakultät liegt. Wenn diese beiden Bedingungen stimmen, wird alles andere deutlich einfacher sein." „Wie finden wir ein DP-Lager in der Nähe einer Universität? Wie kann ich sicher sein, dass ich dort genommen werde?", fragte Gina zögerlich. „Die Zahl unserer Brüder und Schwestern, die überlebt haben und auf der Suche nach einem – wenn auch nur vorübergehenden – Platz zum Bleiben sind, wächst ständig. Vielleicht hast du schon davon gehört, dass Überlebende zurück in ihre Heimatorte im Osten gefahren sind, in die Schtetl*, wo sie vor dem Krieg gelebt haben. Wenn sie Glück hatten und ihr Haus oder die Wohnung noch fanden, mussten sie jedoch feststellen, dass dort jetzt andere Menschen leben. Russen, Polen oder

Ukrainer, die während des Krieges ebenfalls vertrieben worden waren und jetzt dort wohnen. Ihnen ist es egal, dass die Häuser früher Juden gehört haben. Die jüdischen Organisationen werden gegenwärtig von Neuankömmlingen aus dem Osten überschwemmt, die zumindest kurzfristig Unterkunft suchen. Es gibt im ganzen Land Lager und es kommen ständig neue dazu. Daher sollte es kein Problem sein, ein Lager in der Nähe einer Universität zu finden." Gina hatte aufmerksam zugehört. Als sie vom Schicksal der Überlebenden hörte, stiegen ihr erneut Tränen in die Augen. Als Ruth von den Lagern im ganzen Land sprach, hellte sich ihr Gesicht wieder auf. Es würde sich schon ein Lager in der Nähe einer Universität finden! „Ruth, vielleicht sollten wir umgekehrt vorgehen: ein paar Universitäten heraussuchen und dann sehen, ob es DP-Lager in der Nähe gibt? Wenn wir sicher wissen, dass ich einen Studienplatz für Medizin bekomme, können wir eine endgültige Entscheidung treffen." Ruth stimmte Gina zu und freute sich, dass sie begann, selbst Verantwortung für ihre Zukunft zu übernehmen. „In Ordnung", sagte Ruth, „es gibt nur ein Problem: Selbst wenn wir eine Universität in der Nähe eines DP-Lagers finden, wissen wir nicht, in welchem Zustand sie ist. Denk daran, dass die Alliierten Deutschland stark bombardiert haben. Wer weiß, in welchem Zustand die Universitätsgebäude sind. Aber das sollte uns nicht davon abhalten, nach einer guten Lösung zu suchen. Lass uns morgen in das nahegelegenste Lager fahren, sie werden dort eine Liste der anderen Einrichtungen haben."

„Kann ich dir heute Nachmittag noch irgendwie helfen?" Gina sah Ruth hoffnungsvoll an. „Ich würde dir gerne bei deiner Büroarbeit zur Hand gehen. Dann habe ich nicht nur was zu tun, sondern lerne auch gleich, wie man ein Büro organisiert." „Gute

Idee", sagte Ruth und drückte Gina einen Stapel Akten in die Hand. „Das sind Bewerbungen von Menschen aus dem Lager, das wir morgen besuchen werden. Sie wollen alle nach *Erez Israel* auswandern. Lies die Unterlagen sorgfältig durch und mach zwei Stapel. Auf den einen kommen die, von denen du denkst, dass sie körperlich dazu in der Lage sind, die gefährliche Reise nach *Erez Israel* anzutreten." „Wie meinst du das?", wollte Gina wissen.

„Wie du weißt, ist die Anzahl der Zertifikate, die die Briten vergeben, nach wie vor sehr beschränkt. Da wir uns nicht auf die legalen Einwanderungsmöglichkeiten verlassen können, müssen wir alle Wege, die uns zur Verfügung stehen, nutzen. Wann immer die *Jewish Agency** ein Schiff bekommen kann, kauft sie es, um damit die illegale Einreise zu unterstützen. Es ist eine lange und schwierige Reise, aber es ist der einzige Weg, der uns gegenwärtig offensteht. Deshalb achten wir darauf, ob die Bewerber so einer Reise überhaupt gesundheitlich gewachsen sind." Ginas Blick verdunkelte sich. Traurig sagte sie: „Reicht es nicht, dass die Nazis in den Konzentrationslagern Menschen sortiert haben – müssen wir das jetzt auch tun?" Ruth ging zu Gina, nahm ihre Hand und sagte leise: „Gina, ich verstehe, wie das auf dich wirken muss. Aber es gibt einen großen Unterschied: Unsere Auswahl führt nicht in den Tod, sondern ins Leben! Wir wollen sicher gehen, dass die Überlebenden, die mehr Zeit zur Genesung brauchen, dazu hier in Europa die Möglichkeit haben. Und wir wollen, dass die, die in unsere Heimat fahren, die beschwerliche Reise auch wirklich schaffen können. Verstehst du das?" Gina blickte auf und sagte: „Ich verstehe, was du sagst, aber die Idee der Selektion von Menschen ist für mich einfach unerträglich. Es erinnert mich an eine Situation in Wollnitz, als ein SS-Mann uns ins Rathaus führte, wo wir Kleidung sortieren mussten. Mir war damals sofort klar, dass die Sachen von Juden stammen mussten. Ich kannte aber keine Einzelheiten und wusste nicht, was den Menschen geschehen war, die die Sachen getragen hatten. Damals fand eine Mitschülerin ein Foto von meinen Eltern und mir als Kleinkind. Es war furchtbar. Ich musste verbergen, was ich wirklich fühlte und warum ich das Foto unbedingt haben wollte. Jetzt weißt du auch, warum ich mir so sicher bin, dass meine Eltern in ein Konzentrationslager gebracht worden sind."

Ruth schwieg einige Zeit. Sie verstand, dass der Schmerz Gina nie verlassen würde, aber sie sah auch, dass Gina einen Plan für die Zukunft, für ein neues Leben brauchte, um Hoffnung zu schöpfen und weiter zu leben. „Gina, ich verstehe deinen Schmerz sehr gut und ich weiß, dass es sehr lange dauern wird, bist du dich wie eine normale junge Frau fühlen kannst, während deine Erinnerungen immer bleiben werden. Aber denk daran, dass du anderen helfen willst, die gelitten haben! Morgen fahren wir ins Lager Mariendorf in der Eisenacher Straße. Dort werden wir die Informationen bekommen, die wir brauchen, um weiterzumachen." Ruth legte einen weiteren Stapel Akten vor Gina auf den Tisch und wartete darauf, dass sie mit der Arbeit begann. Gina verstand und begann, die Unterlagen zu lesen und zu sortieren. Bevor sie das Büro verließen, rief Ruth ihren Freund und Kollegen Saul an, der im Büro von „Joint"* arbeitete. Saul hatte ihr gesagt, dass er in das DP-Lager Mariendorf müsse und sie mitnehmen könne. Sie verabredeten sich für 10 Uhr vor dem Büro, um gemeinsam zum Lager zu fahren.

Am nächsten Morgen warteten Ruth und Gina pünktlich vor der Tür. Ein junger Mann kam mit energischen Schritten lächelnd auf sie zu und streckte Gina die Hand entgegen. „*Schalom*, du musst Gina sein. Ich habe schon von dir gehört, freut mich, dich persönlich kennenzulernen. Hallo Ruth, seid ihr bereit für unseren Ausflug?" „*Schalom*, Saul, wir sind soweit. Wie kommen wir zum Lager?" „Vor dem Krieg hätten wir einfach die U-Bahn nehmen können, aber der öffentliche Nahverkehr ist fast vollständig zerstört. Ich fürchte, wir müssen ein Taxi finden, dass uns dorthin bringt." Ein paar Minuten später saßen die drei in einem alten, klapprigen Wagen, den der Fahrer zum Taxi umfunktioniert hatte. „Warst du schon mal in einem DP-Lager, Gina?", fragte Saul. „Ja, aber nur kurz. Ich hatte keine Gelegenheit zu sehen, wie es organisiert ist." „Wir nehmen uns Zeit, mach dir keine Sorgen, Gina. Allerdings ist jedes Lager wahrscheinlich ein bisschen anders. Es hängt von ganz unterschiedlichen Dingen ab: dem Ort, der Zahl der Menschen und zum Teil von den Verantwortlichen." „Ich werde die Augen offenhalten, zuhören und lernen. Ich bin sehr dankbar, dass ihr euch die Zeit nehmt, mit mir dorthin zu fahren." „Ich muss sowieso hin", sagte Saul, „und wenn Ruth mich um einen Gefallen bittet, wage ich es nicht, nein zu sagen."

Nach einer halben Stunde Fahrt erreichte das Auto eine Reihe von Wohngebäuden, die mit Stacheldraht eingezäunt waren. Saul bezahlte den Fahrer und sie näherten sich dem Wachposten, einem etwa zwanzigjährigen Mann, der eine alte Uniform trug, die lose um seinen knochigen Körper schlackerte. Saul nannte seinen Namen und der junge Mann ließ sie ein. Gina sah sich neugierig um und betrachtete die Wohngebäude, die teilweise in sehr schlechtem Zustand waren. Auf den Straßen wimmelte es von Menschen, die sich unterhielten. Einige Kinder waren mit Seilspringen beschäftigt, andere rannten umher und genossen die Sonne. Es sah nicht aus wie ein DP-Lager. Saul führte sie zu einem relativ gut erhaltenen Gebäude, an dem ein Schild auf Deutsch und Hebräisch hing: „Zentralbüro – *Hanhalah*"*. Sie stiegen in den dritten Stock hinauf und betraten einen großen Raum. Dort hämmerten zwölf junge Männer und Frauen auf ihre Schreibmaschinen ein. Ihnen gegenüber saßen Menschen, die sie erwartungsvoll ansahen. Gina begriff, dass dies Überlebende sein mussten, die gekommen waren, um sich registrieren zu lassen, oder hofften, Informationen über Angehörige zu erhalten. Saul leitete Ruth und Gina an den Menschen vorbei in den hinteren Teil des Raumes und klopfte an eine große Tür, an der „Zentralbüro" stand. Ein junger Mann öffnete und ließ sie herein. Ein anderer Mann sprang auf, als er Saul sah, und begrüßte ihn herzlich: *„Schalom, schalom*, was verschafft mir heute die Ehre?" *„Schalom*, Elias, hast du vergessen, dass wir verabredet sind? Außerdem habe ich eine Bekannte mitgebracht. Ruth kennst du ja, aber das ist Gina, eine junge Dame, die nach Antworten sucht. Ich bin mir sicher, dass du ihr weiterhelfen kannst." „Ich freue mich immer, wenn ich helfen kann. Was möchtest du denn wissen?" „Ich würde gerne in einem DP-Lager arbeiten", antwortete Gina, „aber bevor ich das tue, wüsste ich gerne noch mehr darüber: Wie sind die Lager organisiert? Wo könnte ich helfen? Und es ist mir wichtig, dass es in der Nähe des Lagers eine Möglichkeit gibt, mein Medizinstudium zu beginnen. Außerdem wüsste ich gerne, ob du etwas über den Verbleib meiner Eltern herausfinden kannst. Ich habe seit 1939 nichts mehr von ihnen gehört." „Du hast Glück, Gina. Sarah, meine Assistentin hat gerade ein bisschen Zeit. Ihr könnt euch unterhalten und sie kann dir das Lager zeigen." Elias griff nach dem Telefonhörer und bat Sarah, ins Büro zu kommen.

Nach einer kurzen Vorstellung verließen die beiden jungen Frauen Elias' Büro. „Sollen wir uns irgendwo hinsetzen und uns unterhalten oder rausgehen und uns umsehen, während ich dir erkläre wie unser Lager hier in Mariendorf funktioniert?" „Lass uns rausgehen und das Lager besichtigen. Es ist so schön, in der Sonne zu sein!" Als sie die Treppe hinunterstiegen, merkte Gina an, dass sie es merkwürdig fände, dass die Flüchtlinge in ehemaligen Wohnhäusern untergebracht seien. „Wir werden förmlich von Überlebenden überrannt. Es kommen fast täglich neue Menschen aus Osteuropa, daher nehmen wir alle Gebäude, die wir kriegen können. Wir befinden uns hier im amerikanischen Sektor*. Die Alliierten haben nach der Niederlage Deutschlands das Land, aber auch die Hauptstadt Berlin unter sich aufgeteilt. Daher gibt es einen amerikanischen, britischen, französischen und sowjetischen Sektor. Sie unterstützen unsere Arbeit, außerdem bekommen wir Hilfe von verschiedenen Organisationen, die uns Geld, Nahrung, Kleidung und Medikamente schicken. Und wenn wir Gebäude finden, ehemalige Kasernen, oder sogar Gefängnisse, übernehmen wir sie. Aber Gina, erzähl mir ein bisschen von dir, was führt dich hierher?" „Das ist eine lange Geschichte, ich versuche, mich kurz zu fassen. Ich wurde in Deutschland geboren, 1939 haben meine Eltern mich zu einer deutschen, evangelischen Familie geschickt, bei der ich den Krieg überlebt habe. Meine Eltern hofften, dass sie das Land verlassen könnten, bevor die Grenzen geschlossen würden. Seitdem habe ich nichts mehr von ihnen gehört und fürchte das Schlimmste. In den letzten Jahren habe ich viel in einer Arztpraxis geholfen und möchte jetzt in einem DP-Lager arbeiten und nebenbei anfangen, Medizin zu studieren. Und ich werde selbstverständlich alles tun, um mehr über meine Eltern in Erfahrung zu bringen."

Sarah hörte aufmerksam zu und schlug dann vor, sich auf eine Bank zu setzen. Sie begann mit ruhiger Stimme zu erzählen:

„Ich wurde auch in Deutschland geboren, aber ich bin 1935 mit meinen Eltern nach *Erez Israel* ausgewandert. Zum Glück waren sie so vorausschauend und fest entschlossen, einen Neustart zu wagen. Sie waren schon immer Zionisten und als wir das Glück hatten, ein Zertifikat für die Einreise zu bekommen, haben wir alle, auch mein älterer Bruder, Deutschland verlassen. Mein Bruder hat dann als Freiwilliger in der Britischen Armee gegen Hitler gekämpft. Jetzt ist er in *Erez Israel* in der *Haganah** aktiv. Ich bin hier, um meinen Beitrag für unsere Brüder und Schwestern zu leisten. Daher kann ich gut verstehen, dass du auch helfen willst. Und ich finde es großartig, dass du Ärztin werden möchtest. Mediziner werden wir immer brauchen, hier oder irgendwann in unserem eigenen Staat, wann auch immer das sein mag.“ Sarah stand wieder auf und ging mit Gina zu einem der Gebäude. „Jetzt zeige ich dir, wie wir unsere Leute bei der Berufsausbildung unterstützen, sodass sie sich selbst ernähren können, egal, wo sie leben werden.“ Sie betraten das Gebäude und gingen in einen großen Raum im Keller hinunter, in dem es wie in einem Bienenstock zuging. In einer Ecke hatte sich eine Gruppe von acht Männern verschiedenen Alters versammelt, die große Bögen mit Zeichenpapier vor sich liegen hatten und Tische und Regale entwarfen und berechneten. Ein etwas älterer, energiegeladener Mann blickte ihnen über die Schulter und lobte ihre Anstrengungen. In der Nähe standen Tischsägen, Tischlerbänke und darauf lagen Werkzeuge wie Hobel und Hämmer sowie große Lineale und Kleber. Eine andere Gruppe Männer wartete auf Anweisungen ihres Lehrers, um das geschnittene Holz zusammenzukleben. Gina sah sich erstaunt um. Die Männer waren mit Begeisterung und Eifer bei der Sache. „Wer sind die Lehrer und woher kommen sie?“, wollte Gina wissen. „Wir haben das

Glück, dass uns jüdische Organisationen aus verschiedenen Ländern unterstützen und uns Lehrer schicken. Die meisten Lehrer kommen von der ORT*, der *Organisation für Rehabilitierung durch Training*, die 1880 in Sankt Petersburg gegründet wurde, um der jüdischen Bevölkerung zu helfen, Berufs- und Fachausbildungen zu absolvieren. Seit den Anfängen in Russland ist die ORT inzwischen in vielen Ländern weltweit aktiv. Du siehst, wie sehr die Schüler bei der Sache sind. Wenn sie ein Land finden, in dem sie willkommen sind, werden sie ihren Lebensunterhalt selbstständig verdienen können. Komm, lass uns in einen anderen Klassenraum gehen."

Sie gingen vom Keller in den zweiten Stock. Im Treppenhaus hörten sie bereits den hellen Klang von Kinderstimmen. Sarah und Gina betraten einen großen Klassenraum mit Kindern unterschiedlichen Alters. Sie saßen in mehreren Kreisgruppen auf dem Boden. Bei jeder Gruppe war eine Lehrerin – die eine erzählte Geschichten und hatte ein Bilderbuch in der Hand, die nächste übte mit den Kindern Zahlen und Rechnen, die dritte unterrichtete Hebräisch und hielt Schilder mit Wörtern in die Luft. Gina sah sich voller Mitgefühl um. Einige Kinder trugen schlecht sitzende Kleidung, ihre Gesichter waren blass, aber dennoch sahen sie ihre Lehrerinnen mit großen Augen eifrig an. Gina schloss die Augen und fand sich in die jüdische Schule in Breslau zurückversetzt. Sie sah die Klasse voller gepflegter und gut genährter Kinder vor sich. Sie erinnerte sich daran, wie sie ihre beste Freundin Elli getroffen hatte und es überkam sie eine Welle der Traurigkeit, als sie an den Verlust ihrer Jugend dachte. Was war mit ihren Klassenkameradinnen und -kameraden geschehen? Wohin hatte das Schicksal sie geführt? Schnell schob sie die schmerzvollen Gedanken beiseite und konzentrierte sich auf die Kinder vor sich. Sie versuchte sich vorzustellen, wie viel Leid sie in ihrem jungen Leben schon erfahren hatten.

Als die Kinder Sarah und Gina bemerkten, starrten sie sie mit großen Augen an. Sarah ging auf Orit zu, eine der Lehrerinnen, die sie kannte, und stellte Gina kurz vor. Sie schüttelten sich die Hände und begrüßten sich mit *„Schalom"*. Orit wandte sich an die Kinder und forderte sie auf, ein paar Lieder auf Hebräisch für die Besucherinnen zu singen. Das ließen sich die Kinder nicht zweimal sagen! Sie kamen in einem großen Kreis zusammen und sangen laut und fröhlich. Das machte Gina Mut. Sie stand vor der großen Gruppe und wandte sich mit bewegter Stimme an die Kinder: „Ich freue mich sehr, dass ich euch treffe. Ihr singt wirklich toll! *Masel tow!"* Sarah und Gina dankten den Kindern und den Lehrerinnen auf Hebräisch mit *„Todah"** und verabschiedeten sich mit *„Schalom"*.

Als sie wieder draußen waren, platzte Gina fast vor Begeisterung. „Das war eine großartige Erfahrung, genau so was habe ich gebraucht! Jetzt kann ich mir vorstellen, in einem Lager mit Kindern zu arbeiten. Ich möchte ihnen nicht nur Wissen, sondern auch Liebe mitgeben, die sie so sehr brauchen. Woher kommen die Lehrerinnen? Denkst du, dass meine Ausbildung reicht, um zu unterrichten?" Rachel musste lächeln, als sie Gina zuhörte. Ihr Enthusiasmus war ansteckend. „Was ist mit deinen Plänen, Ärztin zu werden? Hast du die schon begraben?" „Nein, nein, auf keinen Fall", antwortete Gina, „ich kann studieren, während ich in einem Lager mit Kindern arbeite. Du sagtest, dass es hier und in allen anderen Lagern auch eine Krankenstation gibt. Ich bin mir sicher, dass ich mich mit meinem Erfahrungen dort nützlich machen kann, umso mehr, wenn ich mein Medizinstudium beginne. Ich bin so überwältigt vom Anblick dieser kleinen, jüdischen Kinder! Wir, sie, alle werden eine Zukunft haben! Es gibt noch jüdische Kinder, die am Leben sind!" Gina weinte vor Trauer und Freude, es war eine beeindruckende Erfahrung gewesen.

Langsam näherten sie sich wieder dem Hauptgebäude. Saul, Ruth und Elias warteten vor der Eingangstür und blickten Gina und Sarah erwartungsvoll entgegen. „Unser Rundgang war ein voller Erfolg. Aber das kann Gina euch selbst erzählen." Gina umarmte alle drei und hätte sie am liebsten nicht wieder losgelassen. Endlich fand sie ihre Stimme wieder und sagte: „Ich kann euch allen gar nicht genug danken, dass ihr mir die Gelegenheit gegeben habt, das Leben hier kennenzulernen, wenn auch nur kurz. Ich weiß, dass es nicht leicht sein wird, in diesem oder einem anderen Lager zu arbeiten, aber es ist das, was ich machen möchte. Wir hatten keine Zeit, uns die Krankenstation anzusehen, aber ich weiß, dass ich mich dort auf jeden Fall nützlich machen kann. Und …" „Einen Moment, Gina", unterbrach Elias sie, „ich freue mich, dass du anscheinend gefunden hast, wonach du suchtest. Komm, wir setzen uns auf die Bank. Es sollte kein Problem sein, ein Lager zu finden, das infrage kommt. Ich habe Ruth eine Liste mit allen Lagern in Deutschland gegeben, geht sie sorgfältig durch und sucht eins, das in der Nähe einer funktionierenden Universität liegt, sodass du bald mit deinem Studium beginnen kannst. Einige Universitäten wurden durch die Luftangriffe zerstört, anderen fehlt es an Lehrpersonal. Aber ich bin mir sicher, dass du Erfolg haben wirst." „Gina, es ist schon spät, wir müssen zurück, morgen werden wir uns auf die Suche nach einem passenden DP-Lager machen", sagte Ruth. Plötzlich drehte Gina sich zu Elias um, das Lächeln auf ihrem Gesicht war verschwunden. „Konntest du etwas über meine Eltern in

Erfahrung bringen?" „Es tut mir leid, Gina, leider nicht. Das heißt nicht, dass es keine Hoffnung gibt, der Krieg ist noch nicht lange vorbei. Lass dich außer bei den jüdischen Organisationen auch beim Internationalen Roten Kreuz* registrieren. Das Rote Kreuz sammelt Informationen in allen Ländern, sie haben Zugang zu viel mehr Quellen. Gib die Hoffnung nicht auf und hab Geduld!" „Vielen Dank, Elias, für alles, was du für mich getan hast. Ich werde weitersuchen, solange ich lebe." Sie drehte sich zu Ruth und Saul um und fügte hinzu: „Ich nehme an, wir müssen jetzt wieder ein Auto finden, das uns zurück nach Berlin bringen kann!"

***

Am nächsten Morgen sahen sich Ruth und Gina die Liste der DP-Lager und ihre Lage genauer an und versuchten herauszufinden, ob es Universitäten in der Nähe gab. Plötzlich zeigte Ruth aufgeregt auf das DP-Lager in Zeilsheim. „Gina, schau, dieses Lager ist ganz in der Nähe von Frankfurt am Main, das war mal ein wichtiges Zentrum jüdischer Kultur und Gelehrsamkeit in Deutschland. Es gab dort mehrere *Jeschiwot*,* jüdische Hochschulen, und eine sehr starke jüdische Gemeinschaft. Natürlich weiß ich nicht, wie viele Jüdinnen und Juden dort noch leben. Aber die Beschreibung des Lagers macht den Eindruck, als ob es sehr gut organisiert sei und viele Kinder dort lebten, was dir wichtig ist." „Das klingt großartig", sagte Gina, nachdem sie sich die Informationen durchgelesen hatte, „es gibt einen Kindergarten, verschiedene Schulen und ein Lagerkrankenhaus. Außerdem eine Synagoge, eine koschere Küche, ein Theater und eine Bibliothek. Das passt alles gut, ich will nach Zeilsheim gehen! Ich möchte

162

Kindern helfen, die ihre Eltern verloren haben. Das ist der richtige Ort für mich, ich bin mir sicher, dass ich mich dort nützlich machen kann. Wie schnell können wir denn Kontakt mit der Lagerleitung aufnehmen?" Ruth nahm den Telefonhörer ab und lächelte. „Hättest du was dagegen, wenn ich sofort anrufe?"

Gina konnte es kaum glauben, wie schnell Ruth eine Verbindung zu den Verantwortlichen in Zeilsheim herstellte. Es dauerte keine Minute, dann sprach Ruth kurz mit der Person am anderen Ende und reichte anschließend Gina den Hörer. „Hier, der Leiter des Lagers möchte dich persönlich sprechen. Frag alles, was du gerne wissen möchtest." Anfangs war Gina etwas zögerlich, aber dann war sie schnell in ein Gespräch mit Avi Dector, dem Lagerleiter, vertieft. Nach fünfzehn Minuten musste Ruth lächeln, als sie Gina sagen hörte: „Sie möchten wissen, wie schnell ich kommen kann? Ich freue mich sehr, dass Sie jemanden mit meinem Hintergrund suchen. Ich brauche etwas Zeit um meine Sachen zu packen, aber ich verspreche, dass ich innerhalb einer Woche bei Ihnen bin. *Schalom*, bis bald." Ruth hatte stolz zugehört, während Gina die Fragen des Leiters beantwortet und eigene gestellt hatte. Sie war sich jetzt sicher, dass Gina mit der Suche nach einer sinnvollen Arbeit Erfolg haben und einen Weg finden würde, um wieder unter Menschen jüdischen Glaubens zu leben.

Kapitel 12

Gina war mit dem Zug auf dem Weg nach Wollnitz, zu dem Haus, das für mehrere Jahre ihre Zuflucht und ihr Zuhause gewesen war. Vor allem wollte sie Familie Müller von ihren Plänen erzählen und ihnen für ihren Mut und die Herzlichkeit danken, mit der sie sie aufgenommen hatten. Außerdem musste sie ihre wenigen Habseligkeiten packen, ein paar Erinnerungsstücke, an denen sie hing, ihr Abiturzeugnis, die Empfehlungsschreiben, die Rudolf Müller ihr ausgestellt hatte, um ihre medizinischen Kenntnisse zu bestätigen, vor allem aber das zerrissene Familienfoto – die einzige Verbindung zu ihren Eltern und ihrer Vergangenheit.

Gina stieg aus und ging gedankenversunken zum Haus der Müllers. Was würden sie wohl dazu sagen, dass sie vorhatte, sie zu verlassen? Würden sie verstehen, dass sie ihren eigenen Weg gehen musste? Sie bemerkte, dass viele Häuser leer waren. Davor standen fremde Menschen, die sie nicht kannte. Die russischen Besatzer hatten direkt nach dem Einmarsch begonnen, die deutsche Bevölkerung aus Schlesien zu vertreiben. Viele waren auch vorher bereits nach Westen geflohen. Als sie das Haus der Müllers erreichte, sah sie große Kisten vor der Tür stehen. „Komisch", dachte Gina, „wollen die Müllers auch wegfahren?" Sie stürzte die Stufen hinauf und öffnete eilig die Haustür. „Tante, Onkel, ich bin wieder da. Wo wollt ihr denn hin?" Sie fand die Familie im Schlafzimmer. Maria Müller stand über einen Koffer gebeugt und packte. Sie sah überrascht auf und schloss Gina dann fest in ihre Arme. „Wie schön dich zu sehen, meine Liebe. Wir haben uns schon Sorgen gemacht. Du hattest versprochen, regelmäßig zu schreiben, aber wahrscheinlich war die Post unzuverlässig. Aber jetzt bist du zurück und gerade noch rechtzeitig vor unserer Abfahrt." „Du wunderst dich bestimmt, dass du uns packen siehst", sagte Rudolf Müller. „Wir haben beschlossen, Wollnitz zu verlassen." Verwundert blickte Gina von einem zum anderen. Sie hatte doch die Erlaubnis besorgt, damit die Familie bleiben durfte. Rudolf fuhr fort: „Erst dachten wir, es sei das Beste, wenn wir blieben, hier in dieser Stadt, wo unsere Wurzeln sind, wo unsere Familien seit Generationen gelebt haben. Aber die Sowjets haben alle Deutschen, die noch da waren, grausam vertrieben, alle mussten ohne Vorankündigung ihre Häuser verlassen. Da wurde uns klar, dass es hier keine Zukunft für uns gibt, auch wenn wir eine offizielle Erlaubnis zum Bleiben haben. Unsere Kinder und wir haben hier keine Freunde mehr. Und das Wichtigste: Wir wollen nicht unter kommunistischer Herrschaft leben. Hitler hat uns gereicht. Wir müssen gehen und ein neues Leben anfangen. Wie gut, dass du rechtzeitig zurückgekommen bist, sodass du weißt, wo wir hingehen!"

Während Gina Rudolf Müller zuhörte, wurde sie von ihren Emotionen überwältigt. Plötzlich verstand sie die grausame Wirklichkeit der Geschichte, die Umkehr des Schicksals: Erst hatten die Nationalsozialisten Menschen diskriminiert, entwurzelt, gequält und getötet – Juden und andere „Feinde" des Deutschen Reiches. Nun war die Reihe an den Deutschen und sie wurden zu Opfern von Hass und Rache. „Wohin wollt ihr? Habt ihr schon konkrete Pläne?", fragte Gina leise. „Zum Glück haben wir Verwandte in Stuttgart. Sie haben uns eingeladen, bei ihnen zu bleiben, bis wir ein neues Zuhause gefunden haben", sagte Maria Müller. „Rudolf hat ein Angebot, im dortigen Krankenhaus zu arbeiten, das ist ein guter Anfang. Und bei dir, Gina? Wir haben uns Sorgen gemacht, als wir nichts von dir hörten. Was hast du für Pläne?" Gina blickte langsam von einem zum anderen, dann sagte sie leise, aber entschieden: „Ihr wart für sechs Jahre meine Familie, als ich selbst niemanden hatte. Ich habe mich jetzt entschieden und ein DP-Camp gefunden, wo ich mit Waisenkindern arbeiten und auf der Krankenstation helfen werde. Dann werde ich hoffentlich mein Ziel weiter verfolgen und Ärztin werden. Ich weiß nichts von meinen Eltern und mache mir sehr große Sorgen. So wie ihr möchte ich auch unter meinen eigenen Leuten leben. Ich weiß, dass ich euch mein Leben verdanke und dafür kann ich euch gar nicht oft genug danken. Niemals werde ich euch vergessen. Ich liebe euch."

April 1947

Liebe Gina,

du wirst bestimmt sehr überrascht sein, dass du nach so vielen Jahren einen Brief von mir bekommst, und fragst dich sicherlich, wie ich deine Adresse herausbekommen habe. Yigal, einer der Leiter des DP-Lagers in Zeilsheim, ist Mitglied im Kibbuz HaSchahar und in seinem letzten Bericht an unseren Kibbuz erwähnte er die großartige Arbeit seiner neuen Mitarbeiterin, Regina – Gina – Wolf. Er lobte ihre Aufopferung für die Kinder, ihr Fachwissen bei der Arbeit im Krankenhaus und ihre Freundlichkeit. Als ich das las, wusste ich sofort, dass das „meine" Gina sein musste – meine beste Freundin seit der ersten Klasse! Du kannst dir nicht vorstellen, wie sehr ich mich freue, dass du den Krieg überlebt hast! Du machst so eine wichtige Arbeit und gibst dich selbst auf, um den Überlebenden zu helfen. Ich kann dir gar nicht sagen, wie oft ich an dich und deine Eltern gedacht habe! Wenn du über die Kriegsjahre sprechen kannst, dann schreib mir. Ich möchte mein Leben mit dir teilen und Anteil an deinem haben, wenn du es mir erlaubst. Es sind viele Jahre vergangen, seitdem wir uns zuletzt in Breslau gesehen haben, aber du hast immer einen besonderen Platz in meinem Herzen behalten. Ich habe unsere Unterhaltungen nie vergessen und auch nicht die guten und schlechten Zeiten, die wir zusammen erlebt haben.

Ich habe mich – nach zwei Jahren Schule in Jerusalem – einer Gruppe junger Leute angeschlossen. Wir hatten die Aufgabe, eine neue Siedlung aufzubauen: den Kibbuz HaSchahar. Es war eine große Herausforderung. Nicht nur die physische Arbeit war hart, aber wir sahen uns – und sehen uns noch immer – Angriffen der Araber auf uns und unsere Felder ausgesetzt. Aber wir sind fest entschlossen, unser Land – Erez Israel – aufzubauen, bis wir es „Medinat Israel" nennen können: den „Staat Israel".

Meine liebste Gina, wir wissen um die vielen Gräueltaten und Morde, die während des Krieges passiert sind. Viele unserer Mitglieder haben sich der Britischen Armee angeschlossen, um gegen Hitler zu kämpfen. Die Sorge um unsere Verwandten und Freunde in Europa hat uns noch mehr darin bestärkt, unser Land zu erschließen, sodass die Überlebenden eine Heimat haben werden, die jeden Einzelnen mit offenen Armen aufnimmt und willkommen heißt.

Inzwischen zählt unser Kibbuz dreihundert Mitglieder, es gibt neunzig Kinder jeden Alters und wir haben unsere eigene Schule. Und ja, Gina, mein Traum ist wahr geworden: Ich bin Lehrerin! Ich unterrichte an unserer Schule und bin sehr glücklich mit meinem Leben hier. Ich habe Gad geheiratet, einen wundervollen Mann, und wir haben eine kleine Tochter, die wir dir zu Ehren „Malkah", Königin, genannt

haben. Das ist schließlich die Übersetzung deines lateini-
schen Namens „Regina".

Gina, ich hoffe so sehr, dass du meinen Brief bekommst und
mir antwortest und dass wir uns wiedersehen werden, wo
auch immer das sein wird. Mein Herz ist voller Liebe und
Mitgefühl für dich. Meine Familie und ich und das Land
warten auf dich, auch wenn es nur für einen Besuch ist.

Alles Liebe,
deine beste Freundin Elli

Anregungen für den Schulunterricht

Über das Buch

1. Beschreibe die beiden Freundinnen Elli und Gina. Wie entwickelt sich ihre Freundschaft? Worüber reden sie miteinander? Warum trennen sich ihre Wege?

2. Gibt es Gemeinsamkeiten und Unterschiede zwischen der Familie Wolf und der Familie Cohen? Woran merkt man, dass die eine religiöser ist als die andere?

3. Was ist Zionismus und welche Rolle spielt der Zionismus im Leben der beiden Familien? Woran wird das deutlich?

4. Welche Ereignisse brachten die deutschen und polnischen Juden in den 1930er Jahren einander näher?

5. Welchen Schikanen und Diskriminierungen sahen sich die Juden nach 1933 ausgesetzt? Welchen Einfluss hatte das auf die Familien von Elli und Gina?

6. Was hättest du an Ellis oder Ginas Stelle gemacht und warum? Wie verstehst du die Worte des Rabbis aus der Torah „Gehe fort" (vgl. Kapitel 6)? Was würdest du bei einer so wichtigen Entscheidung berücksichtigen?

7. Vergleiche die beiden Freundinnen Elli und Gina. Wer ist deiner Meinung nach mutiger? Und warum? Was bedeutet Mut für dich?

8. Wie sah der Alltag nicht-jüdischer Menschen in Breslau und Wollnitz aus? Wie gingen Menschen, die dem Nationalsozialismus kritisch gegenüberstanden, mit ihrer Ablehnung um? Wie verhielten sie sich gegenüber den Juden?

9. Elli sagt in Kapitel 10 „Menschenleben waren wichtiger als alles andere!" Worum geht es an der Stelle und worauf bezieht sie sich? Diskutiert den Satz! Welche Möglichkeiten hatten Jüdinnen und Juden während und nach dem Krieg, sich zu retten? Hatten sie Alternativen zu einer illegalen Einwanderung nach Palästina? In welchen Situationen sind Menschenleben wichtiger als Gesetze?

10. Wie stellt sich die Situation für Asylsuchende heute dar? Wie sollen wir damit umgehen, wenn Menschen aufgrund von Verfolgung Asyl bei uns suchen? Diskutiert!

Über Antisemitismus, den Holocaust und die Gründung Israels[1]

1. Jüdinnen und Juden leben schon seit Hunderten von Jahren in Deutschland.
A) Informiere dich über die jüdische Geschichte in Deutschland vor 1945 und erstelle einen Zeitstrahl.
B) Suche dir eine bekannte jüdisch-deutsche Persönlichkeit aus und stelle sie in einem kurzen Referat vor! Hier findest du einige Vorschläge:
https://www.oppisworld.de/zeit/judentum/jperson.html

---

[1] Der letzte Zugriff auf die Internetquellen erfolgte am 24.06.2019.

2. Zu welchen Zeiten wurden Jüdinnen und Juden verfolgt? Von wem und mit welcher Begründung? Sieh dir den Film „Woher der Hass auf die Juden kommt – Geschichte des Antisemitismus" (Addendum, 9.20 Min) an und halte die verschiedenen Etappen fest. Bearbeitet in Kleingruppen je eines der Themen und gestaltet ein Plakat dazu.
   https://www.youtube.com/watch?v=-e8tzv4WFpA

3. Sie dir die Internetseite zur Geschichte der Familie Chotzen an:
   http://www.chotzen.de/
   Wie sah ihr Leben vor 1933 aus? Wie veränderte es sich nach Machtantritt der Nationalsozialisten? Welches Schicksal traf die Familie? Wie ging das Leben nach dem Zweiten Weltkrieg weiter?

4. Auf der Seite des Videoprojekts „Sprechen trotz allem" der Stiftung Denkmal für die ermordeten Juden Europas findest du u.a. auch Biographien und Interviews (Ton und Text) von Juden, die in Breslau gelebt haben (z. B. Karla Wolff, Wolfgang Nossen und Gabriel Holzer):
   https://www.sprechentrotzallem.de/
   Wähle eine Person aus und sieh dir das Interview an. Wie schildert die Person ihre Kindheit in Breslau und die Verfolgung durch die Nationalsozialisten? Welche Unterschiede und Gemeinsamkeiten gibt es zu Ellis und Ginas Geschichte im Buch?

5. Worum ging es bei der „Polenaktion" 1938 und wer war davon betroffen? Informiere dich auf der Seite des Jüdischen Museums Berlin:
https://www.jmberlin.de/thema-polenaktion-1938.
Stelle kurz das Schicksal von Max Karp vor (https://www.jmberlin.de/blog/2018/10/karp-ueber-polenaktion/).

6. Informiert euch, was „Antisemitismus" früher und heute bedeutet (hat), wählt einen Aspekt aus und bereitet ein Referat vor. Anregungen und Themen findet ihr z. B. hier: https://www.anders-denken.info/informieren/informieren/dossier-hintergrundwissen-antisemitismus

7. Immer wieder gibt es (im Internet, aber auch anderswo) antisemitische Äußerungen und Haltungen. Eine Chronik aktueller antisemitischer Vorfälle findest du hier:
https://www.amadeu-antonio-stiftung.de/chronik/
Wie soll man damit umgehen?
Die Amadeu-Antonio-Stiftung macht einige Vorschläge, wie man argumentieren könnte:
http://nichts-gegen-juden.de/
Wählt eine Äußerung aus und beschäftigt euch mit dem Hintergrund und der Argumentation.
Auf dieser Seite kann man ebenfalls den Umgang mit antisemitischen Aussagen üben:
https://www.stopantisemitismus.de/

8. In verschiedenen deutschen Städten gibt es jüdische Museen (z. B. in Frankfurt am Main und Berlin). Sieh dir die Internetseite eines jüdischen Museums an und finde

heraus, seit wann es existiert und welche Schwerpunkte es hat. Welche Themen werden in den Ausstellungen behandelt? Welche Fragen und Themen wären aus deiner Sicht für Jugendliche besonders wichtig und interessant?
Jüdisches Museum in Berlin: https://www.jmberlin.de/
Jüdisches Museum in Frankfurt am Main:
https://www.juedischesmuseum.de/

9. Erstelle einen Zeitstrahl der historischen Ereignisse, die sich während der Handlung des Buches ereignen. Die folgenden Zahlen können dir als Anregung dienen: 1930, 1933, 1935, 1938, 1939, 1941, 1945.

10. Im Buch werden einige Diskriminierungen gegen Jüdinnen und Juden beschrieben. Recherchiere und ergänze deine Liste. Welche Maßnahmen betrafen auch/vor allem Kinder und Jugendliche? Informationen findest du z. B. hier:
http://www.kurtgumpel.de/lebenslauf-kurt-gumpels/massnahmen-gegen-juden.html

11. Informiere dich, welche nicht-jüdischen Menschen ebenfalls Ziel nationalsozialistischer Diskriminierung und Verfolgung wurden. Wähle eine der Gruppen aus (z. B. Roma & Sinti, Homosexuelle, Zeugen Jehovas, politisch Andersdenkende) und stelle ihr Schicksal während der nationalsozialistischen Herrschaft vor. Hinweise zu den Denkmälern anderer Opfergruppen findest du z. B. hier:
https://www.stiftung-denkmal.de/denkmaeler.html

12. Informiere dich über das System der Konzentrationslager. Wer war dort inhaftiert und warum? Unter welchen Bedingungen lebten die Menschen dort? Informationen findest du z.B. hier: https://www.bpb.de/geschichte/na tionalsozialismus/ravensbrueck/60676/system-der-nati onalsozialistischen-kz?p=all

13. Wie gingen die Nationalsozialisten mit den Menschen in den besetzten Gebieten (z.B. in Polen) um? Was bedeutete es, wenn jemand als „Zwangsarbeiterin" oder „Zwangsarbeiter" arbeiten musste? Mehr Informationen findest du hier:
https://www.bpb.de/geschichte/nationalsozialismus/ns-zwangsarbeit/
sowie www.stiftung-evz.de/stiftung/geschichte/ns-zwan gsarbeit.html

14. Nach dem Krieg waren die *Displaced-Persons*-Lager oft die erste Anlaufstelle für Menschen, die verschleppt worden waren oder ihre Heimat verloren hatten. Recherchiere nach DP-Lagern in deiner Nähe! Wie waren die Lager organisiert, wie viele Menschen lebten dort und wie lange? Wie gelang ihnen der „Weg zurück ins Leben"? Hier findest du Informationen zu Lagern in der US-Besatzungszone: http://www.after-the-shoah.org/

15. Familie Müller hat Gina/Ilse bei sich aufgenommen und gerettet. Menschen, die während des Holocaust Jüdinnen und Juden geholfen und ihr Leben gerettet haben, werden in Israel als „Gerechte unter den Völkern" geehrt.

Informiere dich über die „Gerechten" und suche dir eine Person aus, deren Geschichte du kurz vorstellst. https://www.yadvashem.org/de/righteous.html

16. In Kapitel 12 wird die Flucht und Vertreibung der Deutschen aus den östlichen Teilen Deutschlands erwähnt. Informiere dich über das Thema und bereite ein Referat vor. Informationen findest du z. B. hier https://www.poleninderschule.de/arbeitsblaetter/geschichte/flucht-vertreibung-und-zwangsumsiedlung-als-folgen-des-zweiten-weltkriegs-1939-1947/ sowie https://ome-lexikon.uni-oldenburg.de/begriffe/zwangsmigration/

17. Informiere dich über die Autorin des Buches, Esther Adler, und den Dokumentarfilm „Wir waren Juden aus Breslau", an dem sie mitgewirkt hat: http://judenausbreslaufilm.de/ Sieh dir den Trailer (und/oder den Film) an: https://www.youtube.com/watch?v=6i_FHb9DJVc Welche Verantwortung haben wir als Nachgeborene? Wie kann man die Erinnerung an den Holocaust lebendig halten, wenn bald niemand mehr davon erzählen kann?

Glossar[2]

Afrikafeldzug

Militärische Operationen der Achsenmächte (Deutschland, Italien, Japan) gegen die Alliierten* in Libyen, Ägypten und Tunesien während des Zweiten Weltkriegs (1940–1943) mit dem Ziel die Vorherrschaft in Nordafrika zu erringen.

***Al chet*-Gebet**

Sündenbekenntnis an *Jom Kippur.*

Alijah

Hebräisch für „Aufstieg", Einwanderung nach Palästina und heute Israel; Jugend-Alijah: Einwanderung von Jugendlichen.

Alliierte

„Verbündete"; die Hauptalliierten im Zweiten Weltkrieg waren die USA, Großbritannien, Frankreich (ab 1944), China und die Sowjetunion, außerdem gab es aber noch zahlreiche weitere Verbündete wie z. B. Polen, Tschechien, die Niederlande (teilweise vertreten durch die Exil-Regierungen) und mehrere zehntausend Soldaten der besetzten Länder kämpften in den britischen Streitkräften gegen die sogenannten Achsenmächte, Deutschland, Italien und Japan. Als „Siegermächte" wurden nach dem Krieg Großbritannien, Frankreich, die USA und die Sowjetunion bezeichnet.

---

[2] Zusammengestellt von Dorothea Traupe unter Nutzung von wikipedia.de und der Ausarbeitung von Katharina Friedla im Reader zum Workshop „Die letzten Juden aus Breslau", 12.-18.10.2015.

American Jewish Joint Distribution Committee („Joint")
Eine seit 1914 vor allem in Europa tätige Hilfsorganisation US-amerikanischer Juden für jüdische Glaubensgenossen, die ihren Sitz in New York City hat.

amerikanischer Sektor (französischer, britischer, sowjetischer), s. Besatzungszone.

„Anschluss" Österreichs
Bezeichnung der Vorgänge ab 1938, durch die deutsche und österreichische Nationalsozialisten die Eingliederung des Bundesstaates Österreich ins Deutsche Reich vorantrieben. Am 11./12.3.1938 lösten österreichische Nationalsozialisten noch vor dem Einmarsch deutscher Einheiten den austrofaschistischen Ständestaat ab. Ab 12.3.1938 übernahmen deutsche Militär- und Polizeieinheiten die Kontrolle. Österreich ging nach und nach völlig im Deutschen Reich auf, viele Österreicher und Österreicherinnen begrüßten den „Anschluss".

Antisemitismus
Heute Bezeichnung für alle Formen von Judenhass, Judenfeindschaft oder Judenfeindlichkeit; Oberbegriff für Einstellungen und Verhaltensweisen, die Individuen oder Gruppen aufgrund ihrer angenommenen oder realen Zugehörigkeit zum Judentum negative Eigenschaften unterstellen (oft auch in Form von „jüdischen Weltverschwörungen"). Die Abwertung wird genutzt, um Diskriminierung, Verfolgung und Ermordung von Jüdinnen und Juden zu legitimieren.

Arier, arisch

ursprünglich eine Selbstbezeichnung von Sprechern indoiranischer Sprachen; im 19. und 20. Jahrhundert innerhalb der Rassenideologie zur Bezeichnung von Personen verwendet, die angeblich einer bestimmten Menschengruppe („höherwertigen Rasse" bzw. „Herrenrasse") angehörten.

Aschkenasim/aschkenasisch

Bezeichnung für Jüdinnen und Juden aus Mittel-, Nord- und Osteuropa und ihre Nachfahren. Sie bilden die größte ethno-religiöse Gruppe im heutigen Judentum. 1939 waren 94 % aller Juden aschkenasischer Abstammung, im 21. Jahrhundert sind es etwa 70 %.

Ausweisung

Entzug/Nichtverlängerung der Aufenthaltserlaubnis für Ausländer und Bescheid, das Aufnahmeland, hier das Deutsche Reich, zu verlassen.

Balfour-Deklaration

Am 2.11.1917 erklärte der damalige britische Außenminister Lord Balfour, dass Großbritannien mit der Errichtung einer „nationalen Heimstätte" des jüdischen Volkes in Palästina einverstanden sei.

Bar Mizwah (für Jungen)/*Bat Mizwah* (für Mädchen)

Bar und *Bat Mizwah* bezeichnen die Feier, mit der im Judentum die Religionsmündigkeit eintritt (Jungen mit 13, Mädchen mit 12 Jahren).

Bund Deutscher Mädel (BDM)

1930 als Gliederung der vier Jahre zuvor ins Leben gerufenen Hitlerjugend* (HJ) gegründet.

Beit Zeirot Misrachi

Haus für junge Mädchen, ein Haus der zionistischen Bewegung „Misrachi"; jüdische Mädchenschule.

Ben-Gurion, David

*16.10.1886 in Płońsk, damals Kongresspolen/Russ. Reich, † 1.12.1973 in Ramat Gan, Israel; israelischer Politiker, der am 14.5.1948 mit der Verkündung der israelischen Unabhängigkeitserklärung den modernen Staat Israel ausrief und dessen erster Ministerpräsident wurde.

Besatzungszonen

Nach der bedingungslosen Kapitulation der Wehrmacht und der Niederlage des Deutschen Reiches im Zweiten Weltkrieg wurde Deutschland 1945 von den Alliierten in vier Besatzungszonen aufgeteilt. In der ehemaligen Hauptstadt Berlin entstanden vier „Sektoren". Im September 1946 schlossen sich Briten und Amerikaner zur „Bizone" zusammen, 1948 entstand die „Trizone" zusammen mit Frankreich. 1949 wurde im Westen die Bundesrepublik Deutschland und im Osten die Deutsche Demokratische Republik gegründet. Berlin blieb bis 1990 geteilt.

Birkat-Hamazon-Gebet

Jüdisches Tischgebet, das nach dem Essen gesprochen wird.

Breslau (heute polnisch: Wrocław)

Hauptstadt von Niederschlesien, heute im Südwesten Polens gelegen; bis 1945 deutsch (vorher auch unter polnischer, böhmischer, österreichischer, preußischer Herrschaft), damals eine der wichtigsten Großstädte des Deutschen Reiches mit einem sehr großen jüdischen Bevölkerungsanteil (1925 mit ca. 23.000 Mitgliedern die drittgrößte jüdische Gemeinde des Deutschen Reichs nach Berlin und Frankfurt am Main). 1945 floh die deutsche Bevölkerung vor der Roten Armee nach Westen oder wurde vertrieben, Breslau auf Grundlage des Potsdamer Abkommens 1945 unter polnische Verwaltung gestellt und dann als Stadt „Wrocław" Teil des polnischen Staates.

Challa

Brot am Festtag (z. B. am Schabbat).

Chaverim (Pl.)

Hebräisch für „Freunde" oder „Kibbuzmitglieder".

Chasak W'emaz!

Hebräisch für „Sei stark und mutig!" Der Spruch stammt aus dem Buch Jehoschua/Josua (1,9).

Deutsches Reich

Name des deutschen Nationalstaates zwischen 1871 und 1945.

Diaspora

Gebiet, in dem eine konfessionelle oder nationale Minderheit lebt.

***Displaced-Persons*-Lager** (DP-Lager)
Einrichtungen zur vorübergehenden Unterbringung sogenannter *Displaced Persons* (DPs) nach dem Ende des Zweiten Weltkriegs in Deutschland, Österreich, Frankreich und Italien. Displaced Persons waren v. a. Zwangsarbeiter und in Konzentrationslager* verschleppte Juden, die sich nach Kriegsende in Deutschland aufhielten.

„Endlösung der Judenfrage", s. Schoah.

Erez Israel
„Land Israel", Bezeichnung für Palästina, heute für Israel.

Erew Rosch ha-Schanah, s. *Rosch ha-Schanah*.

Fellachen
Bezeichnung für Ackerbau betreibende Menschen der Landbevölkerung im Nahen Osten, v. a. in Ägypten.

Geheimes Zusatzprotokoll des Hitler-Stalin-Paktes, s. Hitler-Stalin-Pakt.

Gestapo/Geheime Staatspolizei
1933 von Hermann Göring (als Innenminister) geschaffene Polizei als zentrales Ausführungsorgan der nationalsozialistischen Herrschaft und als solche verantwortlich für den organisierten Terror in Deutschland und den während des Zweiten Weltkriegs besetzten Gebieten.

Ghetto

Abgesondertes Wohnviertel. In Polen und anderen besetzten Gebieten trieben die Deutschen seit Anfang der 1940er Jahre die jüdische Bevölkerung in speziellen Wohnvierteln – Ghettos – zusammen.

Haftara

Öffentliche Lesung aus den Prophetenbüchern an jüdischen Feiertagen und am Schabbat.

Haganah

Zionistische*, paramilitärische Untergrundorganisation in Palästina während der britischen Mandatszeit (1920–1948), die nach der Staatsgründung Israels in die israelischen Streitkräfte überführt wurde.

Haggada

„Erzählung", Pessach-Erzählungen vom Auszug aus Ägypten, vorgetragen am *Seder*-Abend.

Hamotzi

Segen über das Brot (Challa*) und Anschneiden desselben zur Eröffnung von Festmahlzeiten (z. B. am Schabbat*).

Hatikwa

„Die Hoffnung", zionistisches Lied von Naphtali Herz Immer (1856–1909), seit 1948 Nationalhymne des Staates Israel.

Hawdalah

Gebet am Ende des Schabbats*.

Herzl, Theodor

2. Mai 1860 in Pest, Königreich Ungarn, † 3. Juli 1904 in Edlach an der Rax, Niederösterreich; jüdisch-österreichisch-ungarischer Schriftsteller und Journalist; 1896 veröffentlichte er das Buch „Der Judenstaat". Herzl war der Überzeugung, dass die Juden eine Nation seien und nur die Gründung eines gemeinsamen Staates Sicherheit vor Antisemitismus bieten könne. Er wurde zum Vordenker des Zionismus und bereitete so der Gründung Israels gedanklich den Weg.

Hebrew Immigrant Aid Society (HIAS)

Jüdisch-amerikanische NGO, die Flüchtlingen humanitäre Hilfe und Unterstützung bietet. HIAS wurde 1881 gegründet, um jüdischen Flüchtlingen zu helfen.

Hindenburg, Paul von (Reichspräsident)

*2. Oktober 1847 in Posen, † 2. August 1934 auf Gut Neudeck, Ostpreußen; deutscher Generalfeldmarschall und Politiker. Hindenburg wurde 1925 zum zweiten Reichspräsidenten der Weimarer Republik gewählt, 1932 Wiederwahl. Am 30. Januar 1933 ernannte er Adolf Hitler zum Reichskanzler.

Hitler, Adolf (Reichskanzler)

20. April 1889 in Braunau am Inn, † 30. April 1945 in Berlin; war von 1933 bis 1945 Diktator des Deutschen Reiches; ab Juli 1921 Parteivorsitzender der NSDAP; November 1923 Putschversuch in München, um die Weimarer Republik zu stürzen. In seinem zweibändigen Buch „Mein Kampf" (1925/26) entwarf er die antisemitische und rassistische Ideologie des Nationalsozialismus. Am 30. Januar 1933 wurde er von Reichspräsident Paul von Hindenburg zum deutschen Reichskanzler ernannt. Nach dem Tod von Hindenburg am 2. August 1934 vereinigte er das Amt des Reichspräsidenten mit dem des Reichskanzlers. Kurz vor Kriegsende beging er in Berlin Selbstmord. Er regierte Deutschland mit Terror, Gleichschaltungsgesetzen, Notverordnungen und Parteiverboten und schaffte pluralistische Demokratie, Föderalismus und Rechtsstaat ab. Politische Gegner und angebliche „Feinde des deutschen Volkes" wurden inhaftiert, gefoltert und ermordet.

Hitlergruß

Eine zur Zeit des Nationalsozialismus übliche Grußform, erst unter Parteimitgliedern der NSDAP*, ab 1933 als offizieller Gruß; der rechte Arm wurde mit flacher Hand auf Augenhöhe schräg nach oben gestreckt und meist mit den Worten „Heil Hitler" oder „Sieg Heil" verbunden; Ausdruck des Personenkultes um Adolf Hitler.

Hitlerjugend (HJ)

von der NSDAP 1926 gegründete Jugendorganisation; 1933 Verbot sämtlicher anderer Jugendverbände und Wandel von einer Parteijugend zur Staatsjugend.

Hitler-Stalin-Pakt

Deutsch-sowjetischer Nichtangriffspakt, bekannt als „Hitler-Stalin-Pakt" (nach den beiden Außenministern auch „Molotow-Ribbentrop-Pakt"), am 24.8.1939 unterzeichneter und auf zehn Jahre befristeter Vertrag zwischen dem Deutschen Reich und der Sowjetunion, in dem letztere ihre Neutralität garantierte, wenn es zum Krieg mit Polen oder den Westmächten kommen sollte. In einem geheimen Zusatzprotokoll wurden die Interessensphären abgegrenzt, falls es zu Territorialgewinnen kommen sollte (Ostpolen, Finnland, Estland, Lettland und Bessarabien sollten dann sowjetisch, Westpolen und Litauen deutsch werden).

Holocaust, s. Schoah.

Homah Umigdal, s. Turm-und-Palisaden-Siedlung.

Horo/Horrah

Jüdischer Gruppentanz.

Horst-Wessel-Lied

Kampflied der SA* (ab ca. 1929), später Parteihymne der NSDAP*. Benannt nach dem SA-Mann Horst Wessel, der den Text verfasst hat. Nach der Machtübernahme der NSDAP fungierte das Lied *de facto* als zweite deutsche Nationalhymne. Es wurde 1945 verboten.

Internationaler Suchdienst

Seit 2019 trägt der Internationale Suchdienst (englisch *International Tracing Service*; ITS) den Namen „Arolsen Archives – International Center on Nazi Persecution". Die Hauptaufgaben des ITS waren die Klärung des Schicksals von Verfolgten des NS-

Regimes und die Suche nach Familienangehörigen, Erteilung von Auskünften an Überlebende und Familienangehörige von NS-Opfern, Forschung, Pädagogik und Erinnerung sowie die Aufbewahrung, Konservierung und Erschließung von Dokumenten. Die *Arolsen Archives* sind heute ein Zentrum für Dokumentation, Information und Forschung über die nationalsozialistische Verfolgung, NS-Zwangsarbeit sowie den Holocaust mit Sitz in der nordhessischen Stadt Bad Arolsen.

Internationales Rotes Kreuz

Das 1863 gegründete „Internationale Komitee vom Roten Kreuz" (IKRK) ist die älteste internationale medizinische Hilfsorganisation und die einzige Organisation, die im humanitären Völkerrecht erfasst und als dessen Kontrollorgan genannt ist. Ihre ausschließlich humanitäre Mission ist der Schutz des Lebens und der Würde der Opfer von Kriegen und innerstaatlichen Konflikten und basiert auf den Prinzipien der Unparteilichkeit, Neutralität und Unabhängigkeit.

Jeschiwa, Pl. Jeschiwot

Jüdische Hochschule, an der sich meist männliche Schüler dem Torah-Studium widmen.

Jewish Agency (hebräisch: Sochnut)

Die *Jewish Agency* wurde 1929 auf dem 16. Zionistenkongress gegründet und war die im Völkerbundsmandat für Palästina* vorgesehene Vertretung der Juden und diente der britischen Mandatsverwaltung als Ansprechpartner. Allein sie durfte mit der Mandatsverwaltung verhandeln, war aber auch für die internen Angelegenheiten der in Palästina lebenden Juden verantwortlich.

Jewish National Fund

Der Jüdische Nationalfonds wurde 1901 in Basel von Johann Kremenezky im Auftrag und auf Initiative Theodor Herzls als Wegbereiter eines jüdischen Staates gegründet. Bis 1948 betrieb er vor allem den Landerwerb für jüdische Siedler im britischen Mandatsgebiet Palästina*, gestützt auf finanzielle Hilfe durch die jüdischen Gemeinden weltweit. Seit Gründung des Staates Israel engagiert sich der Jüdische Nationalfonds bei der Kultivierung des Landes, u. a. durch die Anpflanzung von (bis heute) 260 Millionen Bäumen.

Jiddisch

Aus dem Mittelhochdeutschen hervorgegangene ca. 1000 Jahre alte westgermanische Sprache mit hebräischen, aramäischen, romanischen und slawischen Sprachelementen, die von aschkenasischen* Juden in weiten Teilen Europas gesprochen und geschrieben wurde und von einem Teil ihrer Nachfahren bis heute gesprochen und geschrieben wird. Die jiddische Sprache hat sich im Mittelalter im Zuge der meist durch Verfolgung bedingten Migration der Juden vom deutschsprachigen Gebiet aus in Europa verbreitet, besonders nach Osteuropa, wo schließlich das Ostjiddische entstand. Mit den Auswanderungswellen von Millionen osteuropäischer Juden im späten 19. und frühen 20. Jahrhundert breitete sie sich dann westwärts aus und gelangte in die neuen jüdischen Zentren in Amerika und Westeuropa, später auch nach Israel.

Jom Kippur

„Versöhnungstag", Fastentag, höchster Festtag des Judentums (September–Oktober).

Jüdische Brigade

Einheit in der *British Army* während des Zweiten Weltkriegs, die auf Seiten der Alliierten kämpfte. Die Brigade setzte sich aus Freiwilligen aus dem Gebiet des Völkerbundsmandats für Palästina* zusammen.

Kibbuz, Pl. Kibbuzim

landwirtschaftliche Siedlung in Israel, genossenschaftlicher Großbetrieb.

Kiddusch

a. „Heiligung"; Einweihung des Schabbats*; Gebet des Hausherrn am Freitagabend; in der Synagoge steht *Kiddusch* am Ende des Abendgottesdienstes
b. *Kiddusch*, Empfang zu Hause oder in der Synagoge nach dem Gottesdienst

Klagemauer

Hebräisch „Hakotel hama'arawi" (kurz: Kotel), übersetzt „Westwand"; bezeichnet die westliche Mauer des ehemaligen jüdischen Tempels* in Jerusalem, heute die wichtigste heilige Stätte im Judentum und ein sehr beliebter Pilgerort. Der Begriff „Klagemauer" wurde in Anlehnung an die Klagen der Juden nach der Zerstörung des zweiten Tempels über Jahrhunderte von Nicht-Juden zur abschätzigen Benennung der Westwand genutzt. Aus jüdischer Sicht sind die Gebete an der Westwand keine Klagen.

Kol Nidre

Formelhafte Erklärung, die vor dem Abendgebet des *Jom Kippur**
gesprochen wird. Oft wird das ganze Abendgebt so genannt.

Konzentrationslager (KZ)

Seit 1933 wurden von SA* und SS* „staatliche Konzentrationslager" eingerichtet, in denen Jüdinnen und Juden, aber auch politische Gegner, Homosexuelle, Roma und Sinti, Zeugen Jehovas,
Kriegsgefangene u.a. festgehalten wurden. Der Begriff „KZ" steht
seit der Zeit des Nationalsozialismus für die Arbeits- und Vernichtungslager des NS-Regimes. Es wurden rund 1000 Konzent-
rations- und Nebenlager sowie sieben Vernichtungslager errichtet. Diese dienten der Ermordung von Millionen Menschen, der
Beseitigung politischer Gegner, der Ausbeutung durch Zwangs-
arbeit, medizinischen Menschenversuchen und der Internierung
von Kriegsgefangenen. Mehrere Millionen Jüdinnen und Juden,
die der deutschen Judenvernichtung zum Opfer fielen, wurden
in Vernichtungs- und Konzentrationslagern direkt ermordet
oder starben dort an den Folgen von systematischer Unterernäh-
rung, Misshandlungen und Krankheiten.

Koscher

Hebräisch für „tauglich" oder „rein". Das jüdische Speisegesetz
„Kaschruth" beinhaltet eine Fülle von Geboten und Verboten
(z. B. soll man fleischige Gerichte nicht mit milchigen mischen,
man isst kein Schweinefleisch). Wenn eine Speise diesen Vor-
schriften entspricht, ist sie koscher.

Kulturbund Deutscher Juden
Im Juli 1933 in Berlin als Reaktion auf die zuvor erfolgten Entlassungen jüdischer Künstler aus den staatlichen Kulturbetrieben infolge des „Gesetzes zur Wiederherstellung des Berufsbeamtentums" gegründet. Von den Behörden wurde der bis 1941 geduldete Kulturbund zur Kontrolle und zur Isolierung der jüdischen Künstler benutzt.

L'Schana towa
Jüdischer Neujahrsgruß.

Leviten
jüdische Tempeldiener aus dem Stamm Levi.

Madrichim (Pl. von *Madrich/Madricha*)
Hebräisch für „Jugendleiter".

März-Gesetz 1938 in Polen, s. „Polenaktion".

Mazze, Pl. *Mazzoth*
Dünner Brotfladen, der in der Pessach*-Woche gegessen wird und an den Auszug aus Ägypten erinnert; „ungesäuertes Brot" genannt.

Masel tow
Jiddisch/Hebräisch für „Viel Glück/Viel Erfolg!"

Mein Kampf (Buch), s. Adolf Hitler.

Mizwa
Gebot im Judentum, das in der Torah benannt wird oder aber auch von Rabbinern festgelegt werden kann.

Münchner Abkommen

In der Nacht vom 29./30. September 1938 vom deutschen Reichskanzler Adolf Hitler, dem britischen Premierminister Neville Chamberlain, dem französischen Ministerpräsidenten Édouard Daladier und dem italienischen Diktator Benito Mussolini geschlossen. Die Tschechoslowakei und die mit ihr verbündete Sowjetunion waren zu der Konferenz nicht eingeladen. Das Abkommen bestimmte, dass die Tschechoslowakei das Sudetenland* an das Deutsche Reich abtreten und binnen zehn Tagen räumen müsse. Der Einmarsch der Wehrmacht* begann am 1. Oktober 1938, das Sudetenland wurde besetzt und in das Deutsche Reich eingegliedert.

Nationalsozialismus

Der Nationalsozialismus ist eine radikal antisemitische, rassistische, nationalistische, völkische, sozialdarwinistische, antikommunistische, antiliberale und antidemokratische Ideologie. Seine Wurzeln hat er in der völkischen Bewegung, die sich etwa zu Beginn der 1880er Jahre im deutschen Kaiserreich und in Österreich-Ungarn entwickelte. Ab 1919, nach dem Ersten Weltkrieg, wurde er zu einer eigenständigen politischen Bewegung im deutschsprachigen Raum. Diese strebte wie der 1922 in Italien zur Macht gelangte Faschismus einen autoritären Führerstaat an, unterschied sich aber von ihm durch den extremen Rassismus und Antisemitismus.

Die 1920 gegründete Nationalsozialistische Deutsche Arbeiterpartei (NSDAP*) war unter ihrem Vorsitzenden Adolf Hitler* nach der „Machtergreifung" am 30. Januar 1933 maßgeblich am Umbau der Demokratie der Weimarer Republik zur Diktatur des NS-Staats durch Terror, Rechtsbruch und die sogenannte

191

Gleichschaltung beteiligt. Im Verlauf des Zweiten Weltkriegs ab 1.9.1939 verübten die Nationalsozialisten und ihre Kollaborateure zahlreiche Kriegsverbrechen und Massenmorde, darunter den Holocaust an etwa sechs Millionen europäischen Juden und den „Porajmos" an den europäischen Roma. Die Zeit des Nationalsozialismus endete mit der bedingungslosen Kapitulation der Wehrmacht am 8.5.1945.

Seitdem beschäftigt die Auseinandersetzung mit der NS-Vergangenheit Politik und Gesellschaft in Deutschland. NS-Propaganda, das Verwenden damaliger Symbole und politische Betätigung im nationalsozialistischen Sinne sind seit 1945 in Deutschland und Österreich verboten. In weiteren Staaten bestehen ähnliche Verbote. Neonazis und andere Rechtsextremisten vertreten weiterhin nationalsozialistische oder damit verwandte Ideen und Ziele.

Neue Synagoge in Breslau

Synagoge der liberalen jüdischen Gemeinde Breslaus Am Anger nach Entwürfen von Edwin Oppler. Die Synagoge wurde 1872 eröffnet und während der Novemberpogrome 1938 zerstört.

NSDAP

Nationalsozialistische Deutsche Arbeiterpartei, eine 1920 in der Weimarer Republik gegründete politische Partei, deren Vorsitzender ab 1921 Adolf Hitler* war. Zwischen 1933 und 1945 war sie die einzige zugelassene Partei. Das Programm bzw. die Ideologie beruhte auf radikalem Antisemitismus*, Nationalismus und der Ablehnung von Demokratie und Marxismus.

192

Nürnberger Gesetze

Bis in die 1930er Jahre war Antisemitismus nicht gesetzlich geregelt. Am 15.9.1935 traten die „Nürnberger Rassegesetze" in Kraft und bildeten eine juristische Grundlage zur Vertreibung und Verfolgung der deutschen Juden, die während des Zweiten Weltkriegs zu Massentötungen führte. Die beiden Hauptbestandteile waren zum einen das „Gesetz zum Schutz des deutschen Blutes und der deutschen Ehre" (Verbot der Eheschließung sowie des außerehelichen Geschlechtsverkehrs zwischen Juden und Nicht-Juden) sowie zum anderen das „Reichsbürgergesetz" (legte fest, dass nur „Staatsangehörige deutschen oder artverwandten Blutes" Reichsbürger sein konnten).

ORT, *Organization for Rehabilitation through Training*, Organisation für Rehabilitierung durch Training

NGO, die 1880 in Russland als „Gesellschaft für handwerkliche und landwirtschaftliche Arbeit (unter Juden)" gegründet wurde. 1921 nach Berlin verlegt, heute mit Sitz in Genf. Bisher haben über eine Million Menschen eine schulische Ausbildung bei ORT durchlaufen. Die Organisation ist heute in 58 Ländern weltweit tätig.

Ostertüte

Da das Schuljahr in Deutschland früher – anders als heute – direkt nach Ostern begann, war „Ostertüte" der Name für die „Schultüte" oder „Zuckertüte", die die Kinder anlässlich ihrer Einschulung geschenkt bekamen.

Palästina

Gebiet an der südöstlichen Küste des Mittelmeers, bezeichnet heute meist Teile der Gebiete der heutigen Staaten Israel und Jordanien, einschließlich Gazastreifen und Westjordanland. In verschiedenen historischen Kontexten trägt die Region zudem andere Namen wie *Kanaan* oder *Gelobtes* oder *Heiliges Land* oder auf Hebräisch *Erez Israel**. In Palästina lebten schon immer Menschen verschiedener Volksstämme und Religionen. Für das Judentum, die Samaritaner, das Christentum und den Islam besitzt das Gebiet eine besondere geschichtliche und religiöse Bedeutung. Schon seit über 3500 Jahren leben Menschen jüdischen Glaubens in der Gegend. Nach der Zerstörung des zweiten Tempels* flohen zwar viele Juden in die Diaspora*, einige blieben aber auch und hielten das Judentum in der Region am Leben.

Auf der Flucht vor Verfolgung und inspiriert vom Zionismus* kamen seit etwa 1880 (v. a. osteuropäische) Juden in mehreren Einwanderungswellen nach Palästina, bis 1933 waren es ca. 200.000. Sie organisierten sich in einer Gemeinschaft und gründeten verschiedene Siedlungen. Nach dem Zusammenbruch des Osmanischen Reiches wurde Großbritannien 1920 das Völkerbundsmandat für Palästina übertragen. Auf dem Mandatsgebiet entstanden später das heutige Israel und Jordanien, der Gazastreifen und das Westjordanland.

Als die Nationalsozialisten an die Macht kamen und die Juden offen verfolgten, änderte sich die Einwanderungssituation. Die USA und viele andere Länder stellten nur begrenzt Visa zur Einreise zur Verfügung, viele Menschen flohen daher nach Palästina. Dafür brauchte man allerdings auch ein Zertifikat der britischen Mandatsregierung, das nach einer Quotenregelung vergeben wurde. Doch die Briten beschränkten die Zahl der

Zertifikate immer mehr, so dass viele Menschen sich zur illegalen Einwanderung gezwungen sahen.

Die vor Ort lebende überwiegend arabische Bevölkerung reagierte auf die wachsende Zahl jüdischer Einwanderer zunehmend abwehrend. Es kam immer wieder zu Spannungen und Ende der 1930er Jahre zu einem Aufstand mit verschiedenen Gewaltakten gegen Juden und die britische Mandatsmacht.

Am 14.5.1948 erklärte der Staat Israel seine Unabhängigkeit. Im Anschluss an die Staatsgründung wurde Israel von den Nachbarstaaten angegriffen, konnte seine Souveränität aber verteidigen. Im Zuge des Unabhängigkeitskrieges waren ca. 700.000 arabische Palästinenser durch Flucht oder Vertreibung gezwungen, das frühere britische Mandatsgebiet Palästina zu verlassen.

Palästina-Regiment

Infanterieregiment der *British Army*, das 1942 gegründet wurde.

Pessach, Passah

„Vorüberschreiten", zur Erinnerung an den Auszug aus Ägypten. Eines von drei Wallfahrts- und Erntefesten, gehört zu den wichtigsten Festen des Judentums.

„Polenaktion"

Ende Oktober 1938 auf Anweisung Heinrich Himmlers und in Abstimmung mit dem Auswärtigen Amt kurzfristig durchgeführte Verhaftung von mindestens 17.000 im Deutschen Reich lebenden, aus Polen eingewanderten Juden und ihre Ausweisung und den Transport an die polnische Grenze. Die Abschiebung erfolgte gewaltsam und kam für die Betroffenen völlig überraschend.

Am 31. März 1938 war vom polnischen Parlament ein Gesetz verabschiedet worden, das die Möglichkeit vorsah, allen polnischen Staatsbürgern, die länger als fünf Jahre ununterbrochen im Ausland lebten, die Staatsbürgerschaft zu entziehen. Anlass hierfür war vor allem der Anschluss* Österreichs, nach dem die polnische Regierung mit der baldigen Einreise von bis zu 20.000 jüdischen Flüchtlingen polnischer Herkunft aus dem besetzten Österreich rechnete. Am 9. Oktober 1938 folgte eine Verfügung, nach der im Ausland ausgestellte Pässe ab 30. Oktober 1938 nur mit einem Prüfvermerk des polnischen Konsulats zur Einreise nach Polen berechtigten. Auf diese Weise wollte die polnische Regierung eine Massenausweisung der im Deutschen Reich lebenden Juden polnischer Staatsangehörigkeit verhindern.

Rabbi, Rabbiner

Traditionell ist ein „Rabbi" ein jüdischer Gelehrter. Ein „Rabbiner" ist geistliches Oberhaupt und Seelsorger einer jüdischen Gemeinde, der auch oft als „Rabbi" bezeichnet wird. Den Begriff „Rabbiner" gibt es erst seit dem Mittelalter.

Reichspogromnacht/Novemberpogrom („Kristallnacht")

In der Nacht vom 9. auf den 10. November 1938 brannten Synagogen in ganz Deutschland und Österreich. Angehörige von Sturmabteilung (SA*) und Schutzstaffel (SS*) zertrümmerten die Scheiben jüdischer Geschäfte, demolierten die Wohnungen jüdischer Bürger und misshandelten die Bewohner. 91 Tote, 267 zerstörte Gottes- und Gemeindehäuser und 7.500 verwüstete Geschäfte – das war die „offizielle" Bilanz des Terrors. Tatsächlich wurden vom 7. bis 13. November 1938 etwa 400 Menschen ermordet oder in den Selbstmord getrieben. Über 1400 Synagogen,

Betstuben und sonstige Versammlungsräume sowie tausende Geschäfte, Wohnungen und Friedhöfe wurden zerstört. Ab dem 10. November 1938 wurden ungefähr 30.000 Juden in Konzentrationslagern inhaftiert, von denen Hunderte ermordet wurden oder an den Haftfolgen starben.

Rosch ha-Schanah

„Haupt des Jahres", Anfang des jüdischen Kalenders, Neujahrstag; Beginn der zehn Bußtage bis *Jom Kippur**; „Erew Rosch ha-Schanah" ist der Vorabend des Neujahrsfestes.

Rote Armee, s. Sowjetunion.

SA

Sturmabteilung; war die paramilitärische Kampfabteilung der NSDAP und spielte eine entscheidende Rolle beim Aufstieg der Nationalsozialisten. Nach der Machtergreifung der NSDAP 1933 wurde sie von Hermann Göring (Innenminister und Dienstherr der Polizei) als staatliche „Hilfspolizei" eingesetzt.

Schabbat, Sabbat

„Ruhe", der siebente Wochentag, Ruhetag als Erinnerung an die Vollendung der Schöpfung. Die traditionelle Schabbatfeier beginnt am Freitagabend und dauert bis Sonnenuntergang am Samstag.

Schalom

Hebräisch für Frieden; Gruß unter Juden (zur Begrüßung und Verabschiedung).

Schalom al Israel (w'kol ha'olam)

Hebräisch für „Frieden für Israel" (und die ganze Welt).

197

Schalom Alechem

Hebräischer Gruß „Friede sei mit Euch".

Scheket, chaverim!

Hebräisch für „Ruhe, Freunde!"

Schiefertafel

In Deutschland wurden in der Regeln zum Schreiben- und Rechnen-Lernen in der Grundschule bzw. Volksschule Schreibtafeln aus Schiefer benutzt, auf die man mit Kreide schrieb.

Schoah

Das hebräische Wort „Schoah" (Untergang, Zerstörung, Katastrophe) steht neben dem für dieselbe Bedeutung weiterhin verwendeten und synonym verstandenen Begriff „Holocaust" (aus dem Griechischen: Verbrennung) für den nationalsozialistischen Völkermord an ca. sechs Millionen europäischen Juden. Unter Menschen jüdischen Glaubens und in Israel sind Begriff und Bedeutung von „Schoah" im Zuge der langen Geschichte der Judenfeindlichkeit und der damit verbundenen Pogrome schon vor dem Holocaust geläufig gewesen. In Deutschland und darüber hinaus wurde der Begriff „Schoah" vor allem durch den gleichnamigen Film von Claude Lanzmann aus dem Jahr 1986 bekannt.

Seit etwa 1960 hat sich der Begriff „Holocaust" in den Vereinigten Staaten und seit 1978 auch in vielen Staaten Europas (v. a. aufgrund der US-amerikanischen Fernsehserie „Holocaust – Die Geschichte der Familie Weiss"), darunter auch in Deutschland, durchgesetzt. Seither wird der Begriff meist auf die systematische Ermordung der europäischen Juden begrenzt. Manchmal schließt er auch den „Porajmos", den Völkermord an mehreren hunderttausend Roma ein, welche die Nationalsozialisten als „Zigeuner" ebenfalls zur „minderwertigen Fremdrasse" erklärten und ausrotten wollten.

Deutsche und ihre Helfer führten das, was sie selbst die „Endlösung der Judenfrage" nannten, von 1941 bis 1945 systematisch, ab 1942 auch mit industriellen Methoden durch, mit dem Ziel alle Juden im deutschen Machtbereich zu vernichten. Millionen Menschen wurden in Vernichtungslagern vergast, unzählige Menschen wurden aber auch durch Hunger, Arbeit oder Erschießung ermordet. Dieses Menschheitsverbrechen gründete auf dem staatlich propagierten Antisemitismus und der entsprechenden rassistischen Gesetzgebung des NS-Regimes bzw. der Rechtlosigkeit und Willkürherrschaft während des Zweiten Weltkriegs. In der NS-Ideologie wurde der Völkermord an den Juden seit dem Überfall auf Polen als „Vernichtung lebensunwerten Lebens" gerechtfertigt. Der endgültige Entschluss zur Ermordung aller Juden fiel im Jahr 1941.

Schtetl
Bezeichnung für Siedlungen mit hohem jüdischem Bevölkerungsanteil in Osteuropa vor dem Zweiten Weltkrieg.

Seder-Abend
„Seder" ist Hebräisch für Ordnung; Name für den Vorabend des Pessach*-Festes, der nach einer bestimmten Ordnung abgehalten wird. Auf der der Seder-Platte werden verschiedene Speisen angerichtet. Über die Matzot* wird das Seder-Tuch gebreitet.

Sender Gleiwitz
Der „Überfall auf den Sender Gleiwitz" gehörte zu mehreren von der SS* fingierten Aktionen vor Beginn des Zweiten Weltkrieges, die als propagandistischer Vorwand für den Überfall auf Polen

dienen sollten. Mehrere als polnische Widerstandskämpfer verkleidete SS-Angehörige stürmten am 31.8.1939 den Sender und verkündeten auf Polnisch über Radio eine fingierte Kriegserklärung Polens an das Deutsche Reich.

Tatsächlich begann der Zweite Weltkrieg ohne Kriegserklärung. Das deutsche Linienschiff Schleswig-Holstein griff am 1.9.1939 die polnische Stellung „Westerplatte" bei Danzig an und die Luftwaffe flog einen Luftangriff auf die polnische Stadt Wieluń. Fast drei Millionen deutsche Soldaten waren an der polnischen Grenze aufmarschiert.

Sephardim/sephardisch
Juden aus Spanien und Portugal, die seit dem 14. und 15. Jahrhundert über Nordafrika, Europa und den Nahen und Mittleren Osten zerstreut wurden.

Siegermächte, s. Alliierte.

Sowjetunion
Offiziell „Union der Sozialistischen Sowjetrepubliken" (UdSSR); zentralistisch regierter, föderativer Einparteienstaat, der auf der marxistisch-leninistischen Ideologie fußte und dessen Territorium sich über Osteuropa und den Kaukasus bis nach Zentralasien und über Nordasien erstreckte. Am 30. Dezember 1922 durch die Bolschewiki gegründet und am 21. Dezember 1991 als Union aufgelöst. Heer und Luftstreitkräfte der Sowjetunion wurden als „Rote Armee" bezeichnet.

SS
Schutzstaffel. 1925 von Adolf Hitler* gegründet. Sie übernahm ab 1933 die Kontrolle über das Polizeiwesen und war ab 1934 für

den Betrieb der Konzentrationslager* verantwortlich. Die SS war das wichtigste Terror- und Unterdrückungsorgan im Deutschen Reich, sie war maßgeblich an der Planung und Durchführung von Kriegsverbrechen und Verbrechen gegen die Menschlichkeit sowie der Schoah* beteiligt.

Stiebel/Schtibel
Jiddisch für „Gebetshaus".

Stürmer
Die antisemitische Wochenzeitschrift „Der Stürmer" wurde 1923 von Julius Streicher (später fränkischer NSDAP*-Gauleiter) in Nürnberg gegründet und herausgegeben. Sie erschien am 22. Februar 1945 letztmals. Der Stürmer verwendete eine extrem hetzerische Sprache und drastische Berichte, Bilder und Karikaturen, mit denen Stimmung gegen Juden gemacht und NS-Propaganda verbreitet wurde.

Sudetenland
Sudetenland oder Sudetengebiet ist eine vorwiegend nach 1918 gebrauchte Hilfsbezeichnung für ein heterogenes und nicht zusammenhängendes Gebiet entlang der Grenzen der damaligen Tschechoslowakei zu Deutschland sowie Österreich, in dem überwiegend Deutsche lebten (nach Sprache, Kultur und Eigenidentifikation).

Sukkah, Pl. Sukkot
Laubhütte, Laubhüttenfest; Bezeichnung für eine aus Ästen, Zweigen, Laub, Stroh und Ähnlichem gebaute Hütte, die für das siebentägige Laubhüttenfest (ein Erntefest) errichtet wird.

Während dieser Festwoche wird in der Sukkah gegessen, manchmal auch geschlafen.

Synagoge *Zum Weißen Storch*

Breslauer Synagoge, gebaut 1827–1829 von Carl Ferdinand Langhans, gehörte bis 1872 zum liberalen, danach zum konservativen Judentum. Die Synagoge wurde bei den Novemberpogromen 1938 geschändet, aber nicht zerstört. Bis Ende des Zweiten Weltkriegs diente sie als Garage und Lager für geraubtes jüdisches Eigentum. Nach 1945 funktionierte sie anfangs als Synagoge, wurde später aber von verschiedenen städtischen Einrichtungen genutzt und zerfiel zunehmend. Nach Rückgabe an die jüdische Gemeinde und umfassender Renovierung wurde das ehemalige Gotteshaus im Mai 2010 als Synagoge und Veranstaltungszentrum neu eröffnet. Auch die zum Synagogenkomplex gehörende kleine Alltagssynagoge (2015) und die Mikwe (2018), das Ritualbad, wurden restauriert.

Tallith

„Mantel", Umschlagtuch oder breiter Gebetsschal mit Schaufäden an den vier Ecken.

Tempel in Jerusalem

Zwei Heiligtümer aus unterschiedlichen Zeiten auf dem Tempelberg in Jerusalem, die beide heute nicht mehr vorhanden sind. Erster/Salomonischer Tempel: Haupttheiligtum des Königreichs Juda, zerstört bei der Eroberung Jerusalems 586 v. Chr. durch die Neubabylonier. Zweiter/Herodianischer Tempel: Haupttheiligtum der aus dem Exil zurückgekehrten Judäer, erbaut unter dem persischen Statthalter Serubbabel um 515 v. Chr., mehrfach umgebaut und unter Herodes dem Großen stark erweitert und neu konzipiert; bei der Eroberung Jerusalems durch römische Truppen im Jahr 70 n. Chr. geplündert, in Brand gesetzt und zerstört.

Die Umfassungsmauern der herodianischen Tempelplattform sind teilweise erhalten. Ein Mauerabschnitt im Westen ist als „Westwand" (auf Deutsch „Klagemauer"*) bekannt und gilt heute als wichtigste heilige Stätte des Judentums. Diese Mauer hatte, während der Tempel bestand, noch keine besondere religiöse Relevanz. Auf dem Tempelberg selbst stehen heute der Felsendom und die al-Aqsa-Moschee. Er gilt im Islam als die drittheiligste Stätte nach Mekka und Medina.

Todah
Hebräisch für „danke".

Torah
„Lehre", erster Teil des Tanach, der hebräischen Bibel, auch: die fünf Bücher Mose.

Turm-und-Palisaden-Siedlung
Befestigte landwirtschaftliche jüdische Siedlung in Palästina. Diese Art der Siedlungsgründung war typisch für das Ende der 1930er Jahre, als die Spannungen zwischen den einheimischen Arabern und der durch die Einwanderung kontinuierlich wachsenden jüdischen Bevölkerung stark zunahmen.

United Nations Relief and Rehabilitation Administration (UNRA)
Nothilfe- und Wiederaufbauverwaltung der Vereinten Nationen, eine Hilfsorganisation, die am 9. November 1943 auf Initiative der USA, der Sowjetunion, Großbritanniens und Chinas

gegründet wurde. Nach Kriegsende wurde sie von der UNO übernommen.

Versailler Vertrag

Der Friedensvertrag von Versailles wurde bei der Pariser Friedenskonferenz 1919 im Schloss von Versailles in der Nähe von Paris zwischen Frankreich, Großbritannien und der Sowjetunion (und anderen, kleineren Verbündeten) ausgehandelt. Er beendete den Ersten Weltkrieg auf völkerrechtlicher Ebene und war gleichzeitig Gründungsakt des Völkerbundes. Deutschland wurde u. a. zu Gebietsabtretungen, hohen Reparationszahlungen und Reduzierung der Streitkräfte verpflichtet. Der Vertrag wurde von vielen Deutschen als hart und ungerecht empfunden.

Völkerrechtsmandat für Palästina, s. Palästina.

Wehrmacht

Bezeichnung für die Streitkräfte im nationalsozialistischen Deutschland. Die Wehrmacht entstand 1935 aus der Reichswehr durch die Wiedereinführung der Wehrpflicht (entgegen dem Versailler Vertrag*). Für Männer gab es einen aktiven Wehrdienst von zwei Jahren. Im Zweiten Weltkrieg wurden ca. 17,3 Millionen deutsche Männer zur Wehrmacht einberufen, hinzu kamen noch rund eine Million Angehörige der Waffen-SS*. Auch Wehrmachtsangehörige waren immer wieder an Kriegsverbrechen beteiligt. Im August 1946 wurde die Wehrmacht offiziell aufgelöst. Deutschland sollte nach dem Zweiten Weltkrieg vollständig demilitarisiert werden.

Wollnitz

Fiktiver Ort in Schlesien, in dem Gina sich bei einer christlichen Familie versteckt.

Zertifikat

Notwendiges Dokument für jüdische Einwanderer, die legal nach Palästina einwandern wollten, nachdem der Völkerbund Großbritannien das Mandat für Palästina übertragen hatte.

Zionismus/Zionisten/zionistisch

Abgeleitet von „Zion", dem Namen des Tempelbergs in Jerusalem; Bezeichnung für die Ideologie aschkenasicher* Juden und zugleich eine Bewegung, die auf die Errichtung und Bewahrung eines jüdischen Nationalstaates in Palästina abzielte.

Zmirot

Jüdische Hymnen, die meist auf Hebräisch oder Aramäisch, manchmal aber auch auf Jiddisch* oder Ladino gesungen werden. Die bekanntesten Zmirot sind die, die am Schabbat oder an jüdischen Feiertagen gesungen werden.

Links und weiterführende Literatur
(Auswahl)

Links zu Bildungsmaterialien[3]

„Wir waren Juden aus Breslau": http://judenausbreslaufilm.de/

„Sprechen trotz allem" – Lebensgeschichtliche Interviews der Stiftung Denkmal für die ermordeten Juden Europas https://www.sprechentrotzallem.com/

Geschichte der Familie Chotzen von 1914 bis heute http://www.chotzen.de/

Glossar http://www.chotzen.de/bibliothek/alle-glossareintraege

Modul „Jüdisches Leben nach 1945" http://lernen-aus-der-geschichte.de/Online-Lernen/Online-Modul/9129

Zahlreiche Materialien, Methoden und Hintergrundtexte zum Thema „Antisemitismus" https://www.anders-denken.info/

Argumentationshilfen zum Thema „Antisemitismus" https://www.stopantisemitismus.de/ und http://nichts-gegen-juden.de/

Modul „Juden in Polen" https://www.poleninderschule.de/arbeitsblaetter/geschichte/juden-in-polen/

---

[3] Der letzte Zugriff auf die Internetquellen erfolgte am 24.06.2019.

Modul „Flucht und Vertreibung Flucht, Vertreibung und Zwangsumsiedlung als Folgen des Zweiten Weltkriegs (1939-1947)"
https://www.poleninderschule.de/arbeitsblaetter/geschichte/flucht-vertreibung-und-zwangsumsiedlung-als-folgen-des-zweiten-weltkriegs-1939-1947/

Materialien auf der Internetseite der Holocaustgedenkstätte Yad Vashem https://www.yadvashem.org/de/education/educational-materials.html

„Du bist anders? – Eine Online-Ausstellung über Jugendliche in der Zeit des Nationalsozialismus"
https://www.dubistanders.de/

„Polenaktion" auf der Seite des Jüdischen Museums Berlin
https://www.jmberlin.de/thema-polenaktion-1938

Projekt und Ausstellung „L'Chaim" in Berlin
https://lchaim.berlin/

Erklärung jüdischer Begriffe und Bräuche
https://www.talmud.de/tlmd/

„Die Texte der Anderen" – Ein israelisch-palästinensisches Schulbuchprojekt zur Geschichte des Nahostkonfliktes
http://www.gei.de/projekte/abgeschlossene-projekte/schulbuchprojek-israel-palestina.html

Weiterführende Informationen zu Judentum, Israel und zur Geschichte des Nationalsozialismus finden sich u. a. auf der Seite der Bundeszentrale für politische Bildung, z. B.

http://www.bpb.de/internationales/asien/israel/

https://www.bpb.de/geschichte/nationalsozialismus/gerettete-geschichten/149158/palaestina-als-zufluchtsort-der-europaeischen-juden

http://www.bpb.de/geschichte/nationalsozialismus/dossier-nationalsozialismus/

https://www.bpb.de/geschichte/nationalsozialismus/ravensbrueck/60676/system-der-nationalsozia-listischen-kz?p=all

http://www.bpb.de/geschichte/deutsche-geschichte/der-zweite-weltkrieg/

http://www.bpb.de/geschichte/nationalsozialismus/ns-zwangsarbeit/

http://www.bpb.de/geschichte/deutsche-geschichte/flucht-und-vertreibung/

Weiterführende Literatur

Amadeu Antonio Stiftung (2012, Hg.): „Man wird ja wohl Israel noch kritisieren dürfen...?!" Über legitime Kritik, israelbezogenen Antisemitismus und pädagogische Interventionen, Berlin.

Bildungsteam Berlin-Brandenburg e.V./Tacheles Reden! e.V. (2008, Hg.): Woher kommt Judenhass? Was kann man dagegen tun? Ein Bildungsprogramm. Materialien, Methoden und Konzepte, Mülheim an der Ruhr.

Bothe, Alina/Pickhan, Gertrud (2018, Hg.): Ausgewiesen! Berlin, 28.10.1938: Die Geschichte der „Polenaktion", Berlin.

Brühl, Christian/Meier, Marcus (2014, Hg.): Antisemitismus als Problem in der schulischen und außerschulischen Bildungsarbeit. Pädagogische und didaktische Handreichungen für Multiplikatoren und Multiplikatorinnen, Köln, dritte Auflage.

Friedla, Katharina (2015): Juden in Breslau/Wrocław. Überlebensstrategien, Selbstbehauptung und Verfolgungserfahrungen, Wien u.a.

Messerschmidt, Astrid/Mendel, Meron (2018, Hg.): Fragiler Konsens. Antisemitismuskritische Bildung in der Migrationsgesellschaft, Bonn, zweite Auflage.

Nachama, Andreas/Homolka, Walter/Bomhoff, Hartmut (2015): Basiswissen Judentum, Freiburg (auch als Band 10307 der Schriftenreihe der bpb für 4,50 € erhältlich).

Institutionen, Vereine und Stiftungen

Amadeu Antonio Stiftung, Berlin, benannt nach dem ersten Todesopfer rechtsextremer Gewalt in Deutschland nach der Wiedervereinigung 1990; Ziel ist die Stärkung der Zivilgesellschaft gegen Antisemitismus, Antizionismus, Rassismus und Rechtsextremismus durch Öffentlichkeitsarbeit sowie Unterstützung lokaler Initiativen und Projekte, https://www.amadeu-antonio-stiftung.de/

BildungsBausteine gegen Antisemitismus, Berlin, ein- bis mehrtägige Seminare, auch überregional, Zielgruppe: Jugendliche und junge Erwachsene, http://www.bildungsbau steine.org

Kreuzberger Initiative gegen Antisemitismus, Berlin, Bildungsmaterialien, ein- bis mehrtägige Seminare, auch überregional, Reisen nach Israel, Zielgruppe: Jugendliche und junge Erwachsene, http://kiga-berlin.org/

Recherche- und Informationsstelle Antisemitismus Berlin, sammelt Meldung über antisemitische Vorfälle in Berlin und Bayern und veröffentlicht regelmäßig Berichte, https://repo rt-antisemitism.de/#/home

Zentralrat der Juden in Deutschland, Berlin, Dachorganisation und politische Vertretung der jüdischen Gemeinden und Landesverbände in Deutschland, https://www.zentralratder juden.de/

Stiftung Denkmal für die ermordeten Juden Europas, https://www.stiftung-denkmal.de/startseite.html

My Kotel

You had been in my dreams, imagination,
At another time, another place, so long ago.
When at first my eyes beheld your splendor
Your ancient stones gazed upon me
Giants rising in a narrow, dusty alley
Wisps of green moss breaking the pattern
Of square, grey, uneven hewn rocks.
Epochs of history, carved deeply
Enfolded before my inner eye.

I searched the shapes, contours of
Majestic, silent, solid rocks
Their weathered, sculptured faces
Unchanged, unmoved, standing firm
Against stormy winds of history
Repulsing waves of enemies, invaders
Unyielding in their stoic stance.

You have not changed, not aged
You are as when I first beheld
Your splendor so long ago.
With benevolence you greet the masses
Crowding, pushing, swaying frantically
In silent, fervent prayer, foreheads leaning
On your cool, comforting stones.

Eager hands of young an old
Place tiny scrolls between your crevices;
Prayers, promises, notes of thanks.
You, mysterious source of hope, strength
Witness to our people's glory
Weeping at our people's fall.

As for me, should my feet not ever again
Stand near your hallow ground, nor caress you
Nor ever face you, rising from a now
Wide open, paved square, no longer intimate,
So unlike the Kotel of my youth.
Your ancient stones, silent as ever
Are in my dreams, etched in my heart forever.

                              Esther Adler, May 2000

Crystal – A Fragile Source of Beauty

Crystal, a source of beauty
See how it shines, sparkles
In a myriad of colors.
Reflections of sunlight.
> A cloud passes – a world has changed
> How temporal is this beauty.

Kristallnacht – windows smashed
By evil seekers, driven by blind hate.
Property destroyed, goods pilfered.
The shattered glass testimony to
Seekers of senseless destruction,
Mindless followers of Hitler's plan.
> Can broken crystal made whole, glued?
> Can lost material goods be forgotten?
> Can broken souls mend, renew?

Can life changed forever, start anew?
Can hatred be forgotten, forgiven?
Can the memory of Kristallnacht
Imbue us with strength, faith?
> Generations of Jews whose life had sparkled
> Who had been builders of culture, science, art
> Bequeathed their dreams, their hopes, aspirations
> To new generations, strong and determined.

Crystal, glass, in all its beauty is bound to break.
We, the inheritors of dreams, hopes, aspirations
Will not be broken, will not be destroyed.

Esther Adler, September 2009

Über die Autorin

Quelle: Karin Kaper Film

Esther Adler (geb. Ascher) wurde 1924 als Tochter einer orthodoxen jüdischen Familie aus Galizien (bis 1918 zu Österreich, dann zu Polen gehörig) in Breslau, Deutschland (heute Wrocław, Polen) geboren. Esthers Eltern unterstützten die Gründung der jüdischen Schule in Breslau, in der Esther eine gründliche jüdische Ausbildung erfuhr, auch nachdem die Nationalsozialisten jüdischen Schülerinnen und Schülern den Besuch öffentlicher Schulen verboten hatten. Mit zwölf Jahren meldete sie sich beim Theologischen Seminar in Breslau für einen Kurs in Neuhebräisch an – die Sprache, die im damaligen Palästina gesprochen wurde. Nach der Reichspogromnacht 1938 ging Esther in das „Hachschara-Lager" in Altona-Blankenese, um sich auf die Auswanderung nach Palästina vorzubereiten, und schloss sich der Jugend-*Alijah** an, mit der sie 1939 im Alter von fünfzehn Jahren nach Palästina ausreiste. Ihren Eltern und Geschwistern gelang die Flucht in die USA bzw. England.

In Palästina besuchte Esther zunächst eine religiöse Mädchenschule in Jerusalem und lebte dann in verschiedenen Kibbuzim*; am längsten im Kibbuz Ma'abarot zwischen Tel Aviv und Haifa, wo sie zuerst in der Landwirtschaft arbeitete und dann eine Ausbildung zur Kindergärtnerin machte. Im Jahr 1947 reiste sie in die USA, um sich um ihre kranke Mutter zu kümmern. Unterwegs traf sie ihren späteren Mann Simon Adler. Sie heirateten und ließen sich in der Nähe von New York nieder, wo ihre drei Kinder zur Welt kamen. Esther absolvierte das Jüdische Theologische Seminar in New York und wurde Hebräischlehrerin. Außerdem arbeitete sie viele Jahre als Bildungskoordinatorin für den *Jewish National Fonds**, bei dem sie zahlreiche Kinderbücher über jüdisches Leben und Traditionen in Israel und der Diaspora* veröffentlichte. Esther gab mehrere Bände mit Essays und Poesie heraus. Nach dem Tod ihres Mannes Simon 2009 zog sie in die Nähe von Boston, um nahe bei ihrem Sohn Andy, der Schwiegertochter Ann Braude und den Enkelkindern Emma und Ben zu leben. Esther unterrichtet weiterhin Jüdische Studien im Seniorenheim *Orchard Cove* in der Nähe von Boston und Jüdische Kultur für die Bewohnerinnen und Bewohner der *Hebrew Senior Life Community*, einer jüdischen Senioreneinrichtung in Canton, Massachusetts, wo sie lebt. Oft wird sie zu Vorträgen in Organisationen und Schulen eingeladen.

Esther Adler ist eine der Protagonistinnen des Dokumentarfilms „Wir sind Juden aus Breslau", der unter anderem 2017 beim Jüdischen Filmfestival in Boston gezeigt wurde. (www.judenausbreslaufilm.de/)

Zum Kartenausschnitt aus dem
Stadtplan der Stadt Wrocław (Breslau)

Verzeichnet sind einige wichtige jüdische Gebäude und Einrichtungen aus der Zeit vor dem Zweiten Weltkrieg, die zum Teil heute noch (oder wieder) bestehen. Die Wohnhäuser der Familien von Elli und Gina existieren nicht mehr.

1 ul. Włodkowica (Wallstr. 9 / Innenhof): **Synagoge „Zum Weißen Storch"**, (Storch-Synagoge): Erbaut von 1827-29 in klassizistischem Stil auf dem Gelände des Gasthauses „Zum Weißen Storch" nach Plänen von C. F. Langhans und maßgeblich von J. Silberstein finanziert. Nach aufwändiger Sanierung 2010 erneut geweiht.

2 ul. Włodkowica (Wallstraße 7/9): **Verwaltungsgebäude der Synagogengemeinde** zu Breslau: fünfgeschossiger, um 1899 im Jugendstil errichteter Gebäudekomplex mit zwei Seitenflügeln. Sitz vieler wichtiger Einrichtungen der Gemeindeverwaltung sowie der konservativen Religionsunterrichtsanstalt I. Ab 1938/39 nach Beschlagnahme der anderen Gemeindeeinrichtungen zunehmend Zentrum des Gemeindelebens mit Abteilungen des Krankenhauses, Altersheim, Schule usw. Der Innenhof, zugleich Vorplatz der Storchsynagoge, war ab 1941 auch Sammelplatz von Transporten in Vernichtungs- und andere Lager.

3 ul. Włodkowica (Wallstraße 9): Innerhalb der Verwaltungsräume bestand die **Betstube „Machsikei Torah"** der polnischen chassidischen Strömung.

4 Podwale / ul. Łąkowa (Schweidnitzer Stadtgraben / Am Anger): Standort der von 1866 bis 1871 nach Plänen von Edwin Oppler im byzantinisch-römischen Stil errichteten **„Neuen Synagoge"**. Sie wurde vom liberalen Gemeindeflügel genutzt. Seinerzeit war sie zweitgrößte und eine der prächtigsten Synagogen Deutschlands, die am 9. November 1938 in der Reichsprogromnacht* von der Breslauer SA zerstört wurde.

5 ul. Łąkowa (Am Anger): 1998 aus Anlass des 60. Jahrestages der Zerstörung der „Neuen Synagoge" mit dreisprachigem Text errichteter Gedenkstein.

6 Plac Pereca (Rehdigerplatz 3): **Synagoge der Rehdigerschule**, Abraham-Mugdan-Synagoge/-Schule: Benannt nach ihrem Stifter, einem Gemeindebeamten. Sie war 1938 unversehrt geblieben.

7 ul. Włodkowica (Wallstr. 16/18): Nicht mehr bestehendes Gebäude der Zentralverwaltung der 1836 eingerichteten **Fraenckel'schen Stiftungen**, von dem aus viele Einzelstiftungen im gesamten Stadtgebiet verwaltet wurden.

8 ul. Włodkowica (Wallstraße 14): nicht erhalten gebliebenes Gebäude des **Jüdisch-Theologischen Seminars**, eines der Kernstücke der 1854 aus Jonas Fraenckels Nachlass gegründeten Fraenckel'schen Stiftungen. Das bedeutendere der zwei deutschen Rabbinerseminare für akademisches sowie traditionelles Studium jüdischer Quellen. Erster Direktor war Zacharias Frankel. Durch die Nationalsozialisten in der Reichsprogromnacht* 1938 einschließlich der wertvollen Bibliothek verwüstet und geschlossen. Die Stelle ist wieder bebaut worden.

9 Plac Pereca (Rehdigerplatz 3), **Rehdigerschule:** Errichtet 1909 als „Erziehungsheim für hilfsbedürftige israelitische Kinder", seit April 1920 „Jüdische Volksschule", dazu ab 1923 „Höhere Jüdische Schule" (1932 Reformrealgymnasium) des konservativen Gemeindeflügels. Die Mehrzahl der 1937 hier unterrichteten insgesamt 1071 jüdischen Schulkinder Breslaus war 1935 aus den städtischen Schulen ausgeschlossen worden. 1940 von der NS-Luftwaffe enteignet. Jetzt „Etz-Chaim Schule des Dialogs der Kulturen".

10 ul. Włodkowica (Wallstraße 7/9): Im Verwaltungsgebäude der Synagogengemeinde befanden sich auch die **Unterrichtsräume** der Religionsunterrichtsanstalt I für Kinder orthodoxer / konservativer Eltern, die öffentliche Volksschulen besuchten und dort keinen obligatorischen Religionsunterricht erhielten.

A ul. Grabiszynska 2, Gräbschener Straße 2: **Wohnung von Elli und ihrer Familie** (Haus besteht nicht mehr).

B ul. Pilsudskiego 12, Gartenstr. 12: **Wohnung von Gina und ihrer Familie** (Haus besteht nicht mehr).

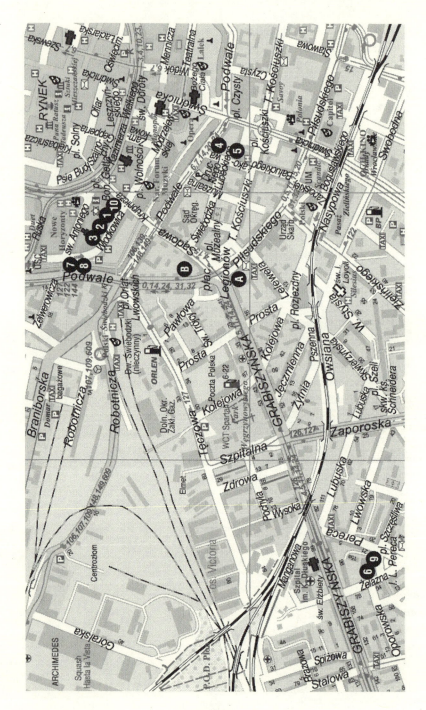

218